Marina Ginestà

Andere werden folgen …

UNRAST

Marina Ginestà, geboren am 29. Januar 1919 in Toulouse, gestorben am 6. Januar 2014 in Paris, stammt aus einer jüdisch-kommunistischen Arbeiterfamilie. 1928 zieht sie mit ihren Eltern nach Barcelona, wo sie sie sich der anarchosyndikalistischen Bewegung anschließt, als Reporterin arbeitet und unter anderem für den sowjetischen Journalisten Michail Kolzow dolmetscht. Gegen Ende des spanischen Bürgerkriegs flieht sie nach Frankreich, dann nach Mexiko, später lebt sie in der Dominikanischen Republik, wo sie den Roman *Les Antipodes* schreibt, eine Geschichte katalanischer Exilanten unter der Trujillo-Diktatur. Sie heiratet einen belgischen Diplomaten und lässt sich schließlich in Paris nieder. Dort entsteht 1976 ihr Roman *D'autres viendront*, in dem sie ihre Erfahrungen als Aktivistin in der anarchistischen Gewerkschaftsbewegung verarbeitet.

MARINA GINESTÀ

Andere werden folgen ...

Übersetzt aus dem
Französischen, Spanischen und Katalanischen
und herausgegeben, mit einem Personenregister
und einer Chronik versehen von Birgit Kirberg

Diese deutsche, gekürzte und lektorierte Fassung beruht
auf den drei verschiedenen Varianten des Romans

UNRAST

Marina Ginestà
Andere werden folgen ...
2. Auflage, Juni 2026
ISBN 978-3-89771-652-0

www.unrast-verlag.de – kontakt@unrast-verlag.de
Mitglied in der assoziation Linker Verlage (aLiVe)

Titel der Originalausgabe: Els Precursors

Titelfoto: Marina Ginestà am 21. Juli 1936 in Barcelona
© Fondo Joan Guzmán, EFE

Die Arbeit der Übersetzerin am vorliegenden Text wurde vom Deutschen Übersetzerfonds gefördert im Rahmen des Programms »NEUSTART KULTUR« der Beauftragten der Bundesregierung für Kultur und Medien.

Umschlag: UNRAST Verlag, Münster
Satz: Andreas Hollender, Köln
Druck: Multiprint, Kostinbrod

INHALT

IN MEMORIAM BERNARD MARIS
STATT EINES VORWORTS

Sechs Monate bevor er am 7. Januar 2015 in Paris bei dem Attentat fanatischer Islamisten auf die Redaktion von *Charlie Hebdo* ums Leben kam, schrieb Bernard Maris über Marina Ginestàs Roman *Andere werden folgen ...*:

Mit einem Gewehr auf dem Rücken und in einen Overall der Milizen gekleidet, steht Marina Ginestà Modell für das berühmte Foto von 1936. Da ist sie siebzehn Jahre alt und begleitet den sowjetischen Journalisten Michail Kolzow als Dolmetscherin, obwohl sie selbst ideologisch eher der spanischen Gewerkschaftsföderation CNT und der marxistischen Arbeiterpartei POUM nahesteht. Schon Marinas Großmutter war eine militante Feministin gewesen, die Andreu Nin regelmäßig zu seinen Treffen begleitet hatte. Andreu Nin war Trotzkis Sekretär und Gründer der POUM, er wurde, wahrscheinlich im Auftrag Stalins, 1937 ermordet. Trotzki selbst fiel kurz darauf dem Anschlag von Ramón Mercader zum Opfer, einem in Barcelona sehr bekannten Aktivisten, mit dem auch die junge Marina eng befreundet war. Sie erfuhr erst viele Jahre später von dieser schrecklichen Wahrheit. Marina sympathisierte stark mit der anarchistischen Bewegung, die ihre Ursprünge in Katalonien und Andalusien hatte. Im Jahr 1977 veröffentlichte sie den Roman *Els Precursors*, der heute den Titel »En vindran d'altres ...« trägt und die revolutionäre Gewerkschaftsbewegung im Barcelona der 1920er Jahre thematisiert. Das Buch wurde mit dem Salvador-Seguí-Preis ausgezeichnet, nach dem berühmten Anarchistenführer Seguí, genannt der »Zuckerjunge« (*Noi del Sucre*), der 1923 von den Schergen der Arbeitgebervereinigung, den sogenannten »Freien Gewerkschaftern«, ermordet wurde. [...]

Der Roman ist vielschichtig, erschütternd, immer wieder verschlägt es einem bei der Lektüre die Sprache. Ganz besonders wird er all jene bewegen, denen die Namen Seguí, Ascaso, Jover, Sanz und Durruti nicht unbekannt sind. Wir tauchen ein in das alltägliche Leben Barcelonas kurz vor Beginn der Diktatur unter Primo de Rivera. Wir werden Zeugen des Kongresses in Madrid, auf dem unter den Anarchisten der alte Streit um ihre Grundfragen entbrennt: Soll man die junge bolschewistische Revolution unterstützen, die von der Übergangsdiktatur aufgezwungen wurde, oder soll man sich im Namen des antiautoritären Ideals lieber davon distanzieren? Andreu Nin, Joan Peiró, David Rey, Ángel Pestaña und Hilari Arlandis kommen zu Wort. Es geht um die *Canadenca,* den großen Streik der Stromgesellschaft Kataloniens, und um das Gefängnis La Model. Auf der anderen Seite rasseln die Arbeitgeberverbände mit den Säbeln. Es geht um den »Hungerpakt«, einen Schwarzgeldfonds zur Unterstützung von Unternehmen in Schwierigkeiten, denen die Aussperrung erleichtert werden soll, es geht um die Listen der Agitatoren, die überall im Land verteilt werden, und um die Bildung von Milizen, den *Pistoleros.* Täglich gibt es Tote. Ein Mitglied der Guardia Civil erschießt Miquel ohne vorheriges Gerichtsverfahren.

Das Fazit des alten Anarchisten Alzina lautet: »Mit jedem Schritt, den wir vorankamen, machte die Revolution, die für uns über allem stand, einen Schritt zurück. Und dennoch muss die Devise lauten: Weitermachen. Denn andere werden uns folgen …«

Bernard Maris
Charlie Hebdo, 13. August 2014

1 DIE STRASSE VON DAMALS

»Meine Straße« sagt Ana. Dabei hat sie nicht einmal zehn Jahre in der Carrer de Borrell in Barcelona gewohnt. Die Autos, die Seats 1430, die 850er, die schwarz-gelben Taxis, die Kastenwagen der Marke Citroën, die R4s, die roten, braunen, grauen, blauen Autos rauschen die Straße hinauf, alle in dieselbe Richtung, sie heulen, keuchen, knattern, stinken. Aber sobald die Ampel sie auch nur einen Moment zum Stehenbleiben zwingt, geschieht ein kleines Wunder, und die Straße sieht wieder aus wie vor vierzig Jahren.

Fehlt nur der Drehorgelmann, der früher jeden Tag zur selben Zeit seine *Pasodobles* und Wiener Walzer ableierte. Auch die Eisverkäuferin ist nicht mehr da, die in ihrem Wagen nicht nur Eiscreme, sondern auch die erfrischenden *Orxatas* anbot. Und der Melonenhändler steht auch nicht mehr an der Kreuzung Borrell-Manso vor seiner Pyramide aus Früchten.

Aber in den Jahren 1937–38 sind schon einmal alle Melonenverkäufer verschwunden gewesen, auch damals hat es keinen Eiswagen und keinen Leierkastenmann mehr gegeben. Auch damals gab es nur noch leere Läden, ein paar Schwarzmarkthändler, die wie Betrüger aussahen und kein Mitleid hatten mit hungernden Familien, so wie der Republikaner Juan Negrín, der aufgerufen hatte zum »Widerstand mit oder ohne Brot«. Ein Aufruf zu Republik und Demokratie. Aber was nutzt uns die Demokratie, wenn es nichts zu essen gibt? Von der Demokratie allein wird keiner satt.

Damals standen die alten Frauen stundenlang an für ein paar Linsen oder Milchpulver. Sie schauten ängstlich zum Himmel, weil sie fürchteten, beim nächsten Bombenalarm ihren Platz in der Schlange aufgeben zu müssen.

Und nach dem Sturm die große Stille. Eine Stille gezeichnet von Tod, Exil, Gefangenschaft. Es war die Stille der schweigenden Mehrheit. Trauer, Wunden, Tränen blieben sorgsam verborgen hinter den Fassaden, in den Herzen, in der Zeit.

Aber den Bäcker gibt es auch heute noch, den Uhrmacher, den Scherenschleifer und den Schuhmacher. Und zwei Häuserblocks weiter hat auf wundersame Weise auch *La Esperanza* überlebt. Noch immer steht in großen goldenen Lettern auf grünem Marmorimitat die Aufschrift: »Maßanfertigung – Hüte – Regenschirme – Strickwaren«. Und sogar der Brunnen an der Ecke Borrell-Parlament ist noch da. Er hat es aber auch nicht sonderlich schwer gehabt, zu überdauern. Schließlich ist er aus Eisen und städtisches Eigentum. Nur etwas alt sieht er inzwischen aus, mit seinen Janusgesichtern, Muscheln, Seepferdchen, und mit seiner bescheidenen Schale. Doch was kann man mehr erwarten, hier in diesem Stadtviertel, wo früher die sogenannten kleinen Leute wohnten. Damals kamen alle Bewohner des Viertels noch regelmäßig zum Brunnen, um Wasser zu schöpfen. Und zu denen, die den Brunnen regelmäßig aufsuchten, gehörten die beiden Mädchen Ana und Llibertat. Vierzig Jahre später steht Ana jetzt wieder vor ihrem Brunnen, einsam und verlassen sieht er aus.

Ana ging damals immer gern zum Brunnen. Das Brunnenwasser schmeckte einfach viel besser als das abgestandene Wasser aus dem Hahn daheim in der Küche. »Puh, wie tote Ratte«, sagte Anas Mutter. Wasser holen, Achtung, nicht den Krug zerbrechen, das hier ist schon der dritte in diesem Monat. Ein schwarzer Krug, in schwarzen Krügen bleibt das Wasser länger frisch; er steht in einer Ecke vom Balkon im Schatten. Wenn man ihn hochhebt, zeichnet sich eine kreisrunde feuchte Stelle am Boden ab, da der Krug aus seinen Poren schwitzt.

Aus der Kohlenhandlung neben der Apotheke ist ein Geschäft für Radios, Fernseher und Elektrogeräte geworden. Ab vier Uhr nachmittags ist das Schaufenster neonhell erleuchtet. Gleichgültig streift Anas

Blick das Schild, das ihr mit aufdringlichen Floskeln einen Fernseher anpreist. Warum sollte sie einen Fernseher kaufen? In ihrem eigenen Leben ist schließlich schon genug passiert.

Wie festgewachsen steht sie auf der Straße, wie eine Touristin eine Kathedrale mustert die grauhaarige Frau ein ganz gewöhnliches Haus. Da oben, über der Apotheke, im fünften Stock, Hochparterre, dann noch einmal vier Treppen hoch; ein Balkon für jedes Stockwerk, groß und schmiedeeisern, in der Mitte durch ein Gitter zweigeteilt, schwarze, spitze Stäbe. Zu jeder Wohnung gehörte ein halber Balkon. Da war die Wohnung, da oben unterm Dach, linker Hand. Und in der Wohnung rechts nebenan wohnte früher einmal ihre Freundin Llibertat mit ihren Großeltern Valeriana und Joan Alzina und die ersten Jahre auch mit ihren Eltern, Miquel und Pilar.

Im Balkonzimmer, hinter den geschlossenen Fensterläden, hatten Anas eigene Eltern, Asunción und Germinal, ihre Schneiderwerkstatt. Die Nähmaschine stand damals gut beleuchtet mitten im Raum, an der Wand ein großes Brett auf zwei Böcken. Auf diesem Tisch pflegte Anas Vater die feuchten Stoffe zu dämpfen, bis sie unter seinen Händen weich und formbar wurden. In der Zimmermitte ein niedriges Tischchen unter einer Hängelampe, die sich mit einem weißen Porzellangewicht an einer Kette verstellen ließ. Das war Mutters Platz. Sie war für die Feinheiten verantwortlich, die knifflige Bearbeitung der Knopflöcher und Hosentaschen, die handgenähten Säume an Revers und Kragen, die gleichmäßigen, fest umstochenen Knopflöcher an einem Jackett oder Mantel. Manchmal hielt ein Eilauftrag, ein Trauerfall oder eine Erstkommunion Anas Eltern bis spät in der Nacht bei der Arbeit fest.

Ana hätte als elf- oder zwölfjähriges Mädchen gern mitgeholfen und bat damals immer mal wieder, man möge ihr doch auch eine kleine Aufgabe zuteilen. Und an manchen Tagen, wenn die Eltern es wirklich eilig hatten, ließ man sie tatsächlich mitmachen. Auch Llibertat war in solchen Momenten in der Werkstatt willkommen.

Dann trennten die Mädchen Nähte auf, suchten in der Blechdose vier gleiche Ärmelknöpfe zusammen und fädelten Zwirn in Nähnadeln. Aber die Mutter hatte wenig Geduld mit ihnen und schickte die unerfahrenen Helferinnen zumeist schnell wieder fort: »Ihr lernt es nie, ihr zwei. Das ist keine Arbeit für euch. Auch wenn ihr nächtelang durcharbeitet, nie könntet ihr damit unsere Miete bezahlen.« Dann nickte der Vater beifällig, beugte sich wieder über sein Bügelbrett, klopfte auf der Naht eines Schulterpolsters herum und strich über den noch warmen, feuchten Stoff.

In der Portiersloge am Hauseingang hatte früher ein Schuhmacher seine Werkstatt. Von morgens bis abends hörte man ihn, wie er mit seinem Hammer Sohlen und Absätze bearbeitete. Während er mit dem Dorn Löcher ins Leder stach oder die gewachsten Schnürsenkel aus Baumwolle glattrieb, behielt er das Kommen und Gehen der Hausbewohner im Blick. Heute ist die ehemalige Werkstatt des Schusterportiers, in Fortsetzung der alten Tradition, zu einem Schuhgeschäft geworden. Ana überquert die Straße und betritt den Hauseingang. Das Treppenhaus sieht noch genauso aus wie früher. Erstaunlich, welche Freude man angesichts der Patina einer alten Wand empfinden kann, mit ihren Rissen und Spuren aus vergangener Zeit. Entlang der Bordüre aus vergilbten Ranken und Blüten steigt Anna die Treppe hinauf. Hier hat eine Hebamme gewohnt. Ihr Name und die Berufsbezeichnung standen damals auf einem Emailleschild an der Wohnungstür: Doña Dolores Ríos de Antúnez – Hebamme. Das Schild hängt schon lange nicht mehr dort.

Wie oft haben Ana und Llibertat auf diesen Stufen gesessen. Mit Kniestrümpfen, Faltenrock und einer ärmellosen, karierten Schürze. Die eine mit langem, honiggelbem Zopf, der ihr bis zur Taille reichte, die andere mit dichten schwarzen Locken, die sie zum chinesischen Pagenkopf zurechtschnitt. Still saßen die Mädchen auf der Treppe und steckten die Köpfe in ein Buch, ein dickes Märchenbuch mit rotem Einband und Goldschnitt an den Seiten, das größte und harmloseste Buch, das sie hatten finden können, ein Werk, das Llibertat als Auszeichnung für besondere schulische Leistungen bekommen hatte, und das gleichzeitig eine perfekte Tarnung bot. Denn anstelle von »Eselshaut« und »Rotkäppchen« studierten die Mädchen mit glühenden Wangen die Schauergeschichten von Frauen mit weit geöffneten Beinen, denen mithilfe einer Zange blutige Fleischstücke aus dem Leibe gerissen wurden; da gab es Erzählungen von bebrillten Ärzten im weißen Kittel, die so geschickt mit dem Skalpell zu hantieren verstanden wie andere mit der Blockflöte, von gellend schreienden Frauen unter der Geburt, von Babys, die auf die Welt kamen mit zwei Köpfen oder zu vielen Fingern an der Hand oder einem Ohr zu wenig; Babys, die schielten und deformiert waren, Babys, die noch in der blutigen Membran steckten, als sie aus dem Mutterleib kamen, oder andere, die von Kopf bis Fuß mit Fell bedeckt waren wie kleine Katzen. Auch die unterschiedlichen Geschlechtsteile fehlten nicht, deren Namen sie sich nur hinter vorgehaltener Hand auszusprechen trauten, doch eine Sache beschäftigte sie ganz besonders lange: »Ja weißt du, und dann merkt man irgendwann, dass das Kind ein Junge ist, obwohl es da unten eine Ritze hat, wie ein Mädchen …«

Als sie im vierten Stock ankommt, dem Stockwerk, in dem sie selbst gewohnt hat, setzt Ana sich auf den Treppenabsatz und betrachtet die beiden Wohnungstüren: die rosettenförmigen Spione, die schmiedeeisernen Türknäufe, die eiserne Hand des Türklopfers, der jetzt stumm an der Kugel lehnt. Auf genau diesem Treppenabsatz trafen sich Ana und Llibertat jeden Morgen um halb neun, um zusammen zur Schule zu gehen.

Llibertat wuchs bei ihren Großeltern auf. Der Großvater Joan Alzina, Setzer von Beruf, war ein Cousin von Anas Vater Germinal Giner. Er war ein bärtiger Mann mit buschigem Haar, der meistens in Sandalen herumlief und mit seinem freundlichen, entschiedenen Blick aussah wie ein alttestamentarischer Prophet. Das Leben des alten Schriftsetzers war seit jeher von Arbeitskampf und Streiks geprägt, von Verhaftungen im Morgengrauen und wochen-, mitunter monatelangen Aufenthalten in Untersuchungshaft. Seine Tätigkeit als einer der dienstältesten Verantwortlichen der Druckergewerkschaft in Barcelona war kein einträgliches Geschäft, nur ein Ehrenamt, andererseits bekam Alzina als leitender Direktor, der bei der Zeitung *Tierra y Libertad* für die aktuelle Berichterstattung zuständig war, regelmäßig Schwierigkeiten für Artikel, die er gar nicht selbst geschrieben hatte, und für Ideen, die er nicht immer teilte.

Seit dem Tag, an dem die Giners in die Wohnung neben Joan und Valeriana Alzina eingezogen waren, teilten die beiden Familien alles miteinander, und die Mädchen wurden unzertrennlich.

Llibertat besaß noch einen zweiten Vornamen. Als sie wenige Monate alt war, hatte eine reiche Tante der Familie das Kind anlässlich einer Familienfeier in Barbastro hinter dem Rücken ihres Vaters auf den Namen Montserrat taufen lassen. Der anarchistische Großvater quittierte den christlichen Beinamen mit schallendem Gelächter. Trotz allem Unglück, das ihm widerfahren war, wartete der alte Alzina mit derselben Überzeugung auf die Revolution wie andere Völker auf die Ankunft des Messias. Der Tag würde kommen, unausweichlich, so sicher wie der Regen und das Amen in der Kirche.

Noch immer sitzt Ana mit geschlossenen Augen auf dem Treppenabsatz, um von dort aus den beiden Mädchen zuzusehen, die, in ihr Fadenspiel vertieft, mit flinken Fingern eine an den Enden verknotete Schnur verschiedenste Formen annehmen ließen, während sie diese Verse aufsagten:

der Spie-gel ... die Wie-ge ... zwei We-ge ...
ei-ne Spin-ne spinnt ihr Netz ...

2 RAZZIA

Als der alte Alzina an jenem Abend von seiner Arbeit aus der Druckerei nach Hause kam, betrat er die benachbarte Schneiderwerkstatt, um auf andere Gedanken zu kommen. Am einen Ende des langen Tisches saßen die beiden Mädchen. Ana plagte sich mit den Hausaufgaben, die Llibertat, die immer alles aus dem Ärmel schüttelte, bereits erledigt hatte. Als der Großvater eintrat, bemerkte seine Enkelin sofort, wie besorgt er war. »Wir Anarchisten«, dachte er sich, »haben wirklich nicht genug Vorsicht walten lassen.« Nach dem Rücktritt des Generalgouverneurs von Katalonien war in den liberalen und revolutionären Kreisen eine regelrechte Euphorie ausgebrochen. Sie hatten schlichtweg vergessen, dass noch immer überall Verräter lauerten. Gerade erst waren zwei ausländische Delegierte verhaftet worden, die beim bevorstehenden Kongress sprechen sollten. Die beiden saßen im Model, dem neuen Gefängnis in der Carrer d'Entença.

Ein paar Tage später kamen Opa Alzina und Anas Vater Germinal abends nicht nach Hause und blieben spurlos verschwunden. Anas Mutter Asunción war sehr beunruhigt und zerbrach sich zusätzlich den Kopf: Wie sollte sie ganz allein die Arbeit in der Schneiderwerkstatt bewältigen? Beim Zusammennähen eines Jacketts, beim Ansetzen eines Kragens oder eines Ärmelaufschlags konnte man nicht schludern. Außerdem brauchte man ein zweites Paar Hände zum Bügeln.

So vergingen mehrere Tage. Am Samstag putzte Asunción die Wohnung und Ana stand ihr dabei nur im Weg herum. Ana presste ihre Nase an die Scheibe und hielt sich damit auf, ein Stück Fenster zu betrachten, das von ihrem Atem beschlagen war. Ach wenn doch wenigstens Llibertat zu Hause wäre! Sie hätten sich zusammen ein Spiel ausdenken können, irgendeinen Zeitvertreib. Da klopfte es plötzlich an der Tür. Die Mutter hielt inne und stand wie versteinert.

»Vielleicht ist das Llibertat«, rief Ana.

»Nein. So würde Llibertat nie klopfen,« sagte die Mutter, nahm die Tochter bei der Hand, und sie gingen in den dunklen Flur. Asunción warf einen Blick durch den Spion und machte die Tür auf. Aber tatsächlich, vor ihr stand Llibertat in Begleitung ihrer Großmutter. Nur waren die zwei nicht allein: Hinter ihnen zeichneten sich die Umrisse zweier Herren ab.

»Polizei«, sagte der eine, während Valeriana hinter ihm gestikulierte und zu einer Erklärung anhob.

»Polizei!«, rief der Mann noch einmal laut und schubste Valeriana und Llibertat in die Wohnung. Einer der Männer zeigte flüchtig seinen Ausweis. Es war nicht das erste Mal, dass die Geheimpolizei einem Gewerkschafter in der Carrer de Borrell einen Besuch abstattete. Alle diese Besuche ähnelten einander mit ihren Einschüchterungsritualen.

»Sind wir hier in der Wohnung von Germinal Giner, dem Cousin von Joan Alzina?«

»Ja, das sind Sie.«

»Und wo ist Herr Giner jetzt?«

»Das weiß ich nicht.«

»Sie wissen es nicht? Sind Sie nicht seine Frau?«

Noch bevor sie antworten konnte, ging der andere dazwischen:

»Sind Sie nun seine Frau oder seine ... ›Freundin‹?«

»Ich bin seine Frau, und seine Freundin.«

»Seit wann ist er weg?«

»Seit vier Tagen, glaube ich.«

»Ah. Sie glaubt. Er hat vor vier Tagen seine Familie und seine Arbeit verlassen, und sie weiß es nicht genau? Machen Sie sich keine Sorgen?«

»Nein, ich mache mir keine Sorgen. Wenn er nicht hier ist, wird er wohl woanders sein.«

»Werden Sie mir ja nicht frech, sonst nehme ich Sie an seiner Stelle mit ins Quartier.«

»Haben Sie einen richterlichen Befehl?«

»Nein, aber den kann ich mir holen, damit bin ich in weniger als einer Stunde wieder hier.«

»Sehr gut. Dann gehen Sie.«

Aber auch ohne Gerichtsbeschluss machten die zwei Polizisten sich daran, die Wohnung zu durchsuchen. Sie demonstrierten, dass es in ihrer Macht stand, diese Menschen zu demütigen, die es wagten, keine Angst zu zeigen. Sie machten Schubladen auf und schlugen sie wieder zu, durchwühlten die Kleidung in den Schränken, warfen die Wäsche zu Boden, dann die Bücher: Bakunin ... Stuart Mill ... Dickens ... Zola ... Victor Hugo ... Leo Tolstoi ... Alles eindeutige Beweise für die Verdorbenheit der Familie Giner. Als sie endlich abzogen, murmelte Asunción:

»Vielleicht ist das ein gutes Zeichen. Wenn sie hier nach ihnen suchen, heißt das, sie haben sie bisher nicht gefunden.«

Traurig ließ Asunción ihre Blicke über die Unordnung schweifen. So geht man nicht mit Büchern um! Großmutter Valeriana und Asunción sammelten die Bücher behutsam auf, strichen die Seiten glatt und rückten die Deckel zurecht, bevor sie die Bände zurück ins Regal stellten. Die beiden Mädchen hatten den Büchern bislang kaum Beachtung geschenkt und waren verwundert über den stillen Eifer der Frauen.

Da stand Valeriana ganz unvermittelt auf, verließ das Zimmer und verzog sich in die Werkstatt. Die Mädchen und Asunción folgten ihr und fanden sie weinend, den Kopf in den Händen verborgen. Asunción legte ihr den Arm um die Schulter:

»Joan ist bestimmt nicht in Gefahr.«

»Ich weiß ... ich weiß. Es ist nicht wegen Joan.«

»Sondern?«

»Miquel … Mein armer Miquel! Jetzt ist es schon acht Jahre her … Genau so sind sie damals gekommen, in der Nacht, sie haben alles durchwühlt und ihn einfach mitgenommen. Das war das letzte Mal, dass ich ihn lebend gesehen habe.«

Das Ende dieses Tages war kurz und traurig. Valeriana ging bald schlafen und nahm ihre Enkelin mit.

»Kann ich bei dir im Bett schlafen, Mama?«, fragte Ana.

Der schmale Körper der Kleinen schmiegte sich in die wohlige Wärme des verlorenen Paradieses, das der Körper der Mutter für ein zehnjähriges Kind ist.

»Warum sind heute diese Männer zu uns gekommen? Warum hat Großmutter Valeriana so geweint? Was ist mit Llibertats Papa?«, fragte die Kleine schläfrig.

»Arme Valeriana«, antwortete die Mutter und setzte an zu einem langen Monolog, den die kleine Ana, halb im Schlaf, halb wachend aufnahm.

»Seit Miquels Tod ist sie nicht mehr dieselbe. Für Joan und Valeriana war ihr Sohn ihr Ein und Alles. Er wurde im Jahr 1897 geboren, als Joan 26 und Valeriana 24 Jahre alt waren. Miquel war ein aufgeweckter, freundlicher Junge. Die beiden hätten ihn gern in die Reformschule, die Escola Modern, in der Carrer de Bailèn geschickt. Doch 1906 hat die Schule schließen müssen, und Miquel ging von da an in die staatliche Schule in der Ronda Sant Antoni. Mit dreizehn hat er eine Lehre in der Fabrik Brufau angefangen und lernte dort Pilar kennen, die Mutter von Llibertat. Die beiden haben bald darauf geheiratet.

In der Zeit, als sie sich kennenlernten, haben Pilar und Miquel zehn, manchmal zwölf Stunden täglich in Brufaus Fabrik für Gaslampen und Gaskocher in Sants gearbeitet. Das war Ende 1918, wenige Monate vor dem Streik der Stromgesellschaft *Canadenca*, der in den großen Generalstreik mündete, bei dem die Arbeiter in Barcelona für geregelte Arbeitszeiten gekämpft haben. Damit erreichten sie, dass zuerst in Barcelona, später in Katalonien und schließlich auf der gesamten spanischen Halbinsel der Achtstundentag eingeführt wurde: acht Stunden Arbeiten, acht Stunden Ausruhen, acht Stunden Leben. Diese Forderung fanden die Fabrikbesitzer jedoch völlig überzogen.

Der Streik hat im Februar 1919 bei den Elektrizitätswerken begonnen, die ganz Katalonien mit Strom versorgten, dann breitete er sich aus wie ein Flächenbrand und erfasste bald darauf alle Industriezweige. In den Straßen Barcelonas kam alles zum Erliegen. Die Leute verließen ihre Häuser nur noch, um einkaufen zu gehen, Neuigkeiten von ihren Familien oder Freunden zu erfahren, denen das Gefängnis drohte, um sich bei jemandem Geld zu leihen oder um Zahlungsaufschub beim Bäcker oder Gemüsehändler zu erbitten. Doch diesmal waren die Arbeiter fest entschlossen, das Leid und die Gefahren in Kauf zu nehmen, die ein lang andauernder Streik für sie mit sich brachte, und sie waren nicht mehr bereit, auf ihre Forderung nach verbesserten Arbeitszeiten, mehr Lohn und besseren Arbeitsbedingungen zu verzichten. Die Lebenshaltungskosten waren ins Unermessliche gestiegen, doch die spanischen Unternehmer, obwohl sie mächtige Profite aus der Neutralität des Landes gezogen hatten, wollten um keinen Preis die armseligen Bedingungen verbessern, unter denen ihre Arbeiter seit eh und je zu leiden hatten.

Wochenlang kam es zu keiner Einigung, das Militär postierte Kanonen und Maschinengewehre überall in Barcelona. Doch zunächst einmal passierte gar nichts, und es herrschte gespenstische Stille in der Stadt. Auf der einen Seite stand das Volk, auf der anderen die Truppen, unterstützt durch achttausend freiwillige Bourgeoise, das sogenannte *Somatent*. Doch die Streikenden hatten sich gut unter Kontrolle und boten der Gegenseite keinen Anlass zum Angriff. Es fiel kein einziger Schuss, und der Generalstreik blieb friedlich.

›Die Bourgeoisen wollen sich prügeln?‹ fragten die Streikenden und stellten fest: ›Wenn sie Lust haben zu schießen, sollen sie sich die Vögel auf der Rambla vornehmen, nicht uns.‹ «

»Warum denn die Vögel?«, fragte Ana.

»Das sagte man nur so«, antwortete ihre Mutter.

»Aber weißt du, selbst wenn es kein Blutvergießen gab, so sind doch jede Menge Leute festgenommen worden. Jeder Mann in Arbeiterkleidung lief damals Gefahr, bei einem Spaziergang auf der Straße verhaftet zu werden. Tag für Tag marschierten endlose Reihen von Männern in Handschellen durch die Stadt, und schließlich saßen über dreitausend entweder im Model-Gefängnis oder im Laderaum der Pelayo, die im Hafen von Barcelona vor Anker lag und als Gefangenenschiff genutzt wurde.

Natürlich haben auch die Kirchenleute mitgemischt. Ende März wurde draußen auf der Plaça de Catalunya das Hochamt gefeiert, geschützt von Gewehren, Säbeln, Pistolen, Kanonen und allem, was die Bourgeoisen an Waffen aufzubieten hatten. Und gleich nach der Messe gab es einen riesigen Militäraufmarsch, der durch die wichtigsten Straßen der Stadt führte.

Mit der Zeit wurde die Lage in Barcelona so unübersichtlich und gefährlich, dass die Regierung nachgab. Am 4. April 1919 wurde der Achtstundentag gesetzlich eingeführt. Aber das war der Auftakt zu einer Zeit des Blutvergießens ...«

Asunción stellte fest, dass ihre Tochter lauter und regelmäßiger zu atmen anfing. War sie schon eingeschlafen?

»Aber Mama, wer waren denn diese Männer, die da durch die Stadt getrieben wurden? Die mit den Handschellen an den Händen, waren das Räuber?«

»Räuber? Wieso Räuber? Räuber sind die Leute, die diese Männer verhaftet haben und die von ihnen verlangen, jeden Tag zwölf Stunden für einen Hungerlohn zu arbeiten, während sie selbst mit fremder Leute Arbeit ein Vermögen verdienen. Nein, Liebes, das waren keine Räuber, das waren Arbeiter. Das sah man schon an ihrer Kleidung.«

Ana dachte wohl an den Taschendieb auf dem Markt von Sant Antoni. Sie und ihre Mutter hatten ihn beobachtet, wie er in die offenstehende Einkaufstasche einer Kundin gegriffen hatte. Unter dem Beifall der Umstehenden war der Mann von einem Polizisten in Uniform in Handschellen gelegt und auf die nächste Polizeiwache gebracht worden.

»Ist Llibertats Papa bei diesem Streik von der Polizei getötet worden?«, fragte Ana.

»Nein, das war erst später, im Jahr 1922, als der Verbrecher Martínez Anido Gouverneur wurde. Da war Miquel gerade fünfundzwanzig Jahre alt. Beim *Canadenca*-Streik war er noch nicht verheiratet, doch damals fing die Liebe zwischen Llibertats Mama Pilar und ihrem Papa an. Kurz darauf haben sie geheiratet, und Llibertat kam genau wie du im Jahr 1920 zur Welt.«

»Ich hoffe, dass Llibertat und Valeriana für immer bei uns bleiben können«, flüsterte Ana, streckte sich, gähnte wieder, schlief ein und ließ die Mutter allein mit ihren Erinnerungen an die Vergangenheit, mit ihren Gedanken über die Gegenwart und mit ihren Sorgen um die Zukunft. Halb im Traum drang die Rede der Mutter zu ihr: die Geschichte vom Großvater Alzina und Großmutter Valeriana, deren längst verstorbenem Sohn Miquel und dessen Frau Pilar, den Eltern ihrer Freundin Llibertat. Sie alle umstanden Anas Bett und flüsterten ihr zu: die Geschichte der Anarchisten von Barcelona.

3 STREIK IN DER FABRIK BRUFAU

Die Liebe zwischen Pilar und Miquel Alzina hatte in den Tagen des großen Streiks der *Canadenca* ihren Anfang genommen. Als der Generalstreik verkündet wurde, war auch die Fabrik Brufau, in der Miquel seit einigen Jahren arbeitete, dem Aufruf gefolgt. Sie gehörte den Brüdern und Geschäftspartnern Casimir und Jordi Brufau, denen nichts anderes übrig blieb, als den einstimmigen Beschluss ihrer Angestellten hinzunehmen. Doch das hielt sie nicht davon ab, ihrer Empörung über den Streik freien Lauf zu lassen und die Arbeiter in einer Ansprache direkt zu adressieren:

»Hat man so was schon gesehen? Das ist doch ungeheuerlich. Ihr wollt am Tag zwei Stunden weniger arbeiten und dafür eine Pesete mehr Lohn? Klar, die Lebenshaltungskosten steigen, aber wer ist denn schuld daran? Was können wir dafür, wenn der Preis für Brot, Fleisch und Gemüse sich in den letzten drei, vier Jahren verdoppelt hat? Wir wissen auch, dass alles teurer geworden ist. Wenn unsere Köchin zum Einkaufen auf den Markt geht, zahlt sie fürs Kalbsfilet heute viel mehr als noch 1915. Geht lieber auf die Straße, um gegen die Bäcker, Fleischer und die Bauern zu protestieren, die haben die Preise erhöht! Wir verkaufen Lampen und Öfen, aber keine Lebensmittel. Das müsst ihr doch einsehen, dass das nicht unser Problem ist und dass wir nicht das von unseren Vätern geerbte Kapital riskieren können, wenn wir uns am Ende nichts als Ärger und rote Zahlen einhandeln. Ihr habt ja keine Ahnung, was es heißt, Fabrikbesitzer zu sein! Natürlich habt ihr auch eure Sorgen, aber dann geht doch ins Wirtshaus, um eure Probleme wegzusaufen. Wir haben es nicht so leicht wie ihr. Wir können nicht irgendeinen Analphabeten an unsere Stelle setzen und ihm sagen, er solle eine Fabrik aufbauen, sie am Laufen halten, Absatzmärkte finden und Menschen führen!«

Als Miquel Alzina von der Zentrale der Metallgewerkschaft in der Carrer de Mercaders mit dem Streikbefehl wiederkehrte, fand er am Werkstor statt der geschäftsführenden Brüder nur noch den Pförtner Soler Brufau vor, einen armen Verwandten der Familie. Jemand hatte vorgeschlagen, am Eingang ein großes Plakat aufzuhängen, mit der Aufschrift: »Die Analphabeten sitzen heute im Wirtshaus.«

Vor dem Fabriktor standen etwa fünfzig Arbeiter und Arbeiterinnen der Brufau. Miquel positionierte sich oben auf einem Wagen und setzte zu einer Rede an. Er sprach von den Beweggründen für den Streik, von der Solidaritätspflicht gegenüber den verhafteten Genossen und von der Macht der Arbeiterklasse. Der junge Alzina war ein guter Redner. Er hatte eine tiefe, wohlklingende Stimme, war schlagfertig und konnte alle Fragen mit großer Sachkenntnis und einem guten Sinn für Humor beantworten.

Werkmeister Pijoan stand eine ganze Weile mit verschränkten Armen da und hörte zu, ohne sich am Frage- und Antwortspiel zu beteiligen. Einige Arbeiter, die noch nicht so lange in der Fabrik beschäftigt waren, schielten immer wieder kurz zu ihm rüber. Seit einigen Tagen trug Pijoan eine schwarze Armbinde am Jackenärmel. Er hatte vor Kurzem die Nachricht erhalten, dass einer seiner jüngeren Brüder in einer Schlacht in Marokko ums Leben gekommen war, ein junger Mann von vierundzwanzig Jahren, den alle gut gekannt hatten. Bisher hatte sich Pijoan immer nur geäußert, wenn er Klagen der Fabrikbesitzer über Fehler bei der Arbeit weiterzugeben hatte. Jetzt hob er den Arm und bat um das Wort.

»Es ist für niemanden ein Geheimnis«, sagte er, »dass das Unternehmen durch den Weltkrieg in den letzten Jahren gute Umsätze gemacht hat. Ihr wisst alle, wie es ist: Diese Azetyllampen sind aus hauchdünnem Blech, dünn wie Zigarettenpapier. Das bedeutet, dass man sie nach sechs Monaten auf den Müll werfen muss. Aber viel schlimmer noch als die Azetyllampen waren die Benzinöfen, die wir während der Jahre 1917 und 18 schön im Sechserpack verschickt haben! Diese Öfen konnten explodieren und einem jeden Moment um die Ohren fliegen, weil nämlich eins von zehn Sicherheitsventilen, die wir von Comas i Tornés in Mataró bezogen, defekt gewesen ist. Und wir, ja, wir alle, du, du und ich natürlich auch, wir haben das einfach so geschehen lassen und sie rausgeschickt, diese Ofenserie von Brufau aus den Jahren 17/18. Das waren regelrechte Bomben! Die wurden nach Frankreich geliefert oder nach Deutschland, ich weiß nicht genau. Als hätten die Leute in Frankreich und in Deutschland nicht schon genug Ärger gehabt, die brauchten nicht auch noch unsere Ofen-Bomben! Allerdings wurde der Schrott nicht nur ins Ausland geliefert, die Öfen gingen auch in unsere Kolonien und Protektorate, dorthin, wo unsere Soldaten stationiert sind, unsere eigenen Verwandten, junge Menschen, die unter uns gelebt und gearbeitet haben und die dort hingeschickt wurden, mit schlechter Kleidung, schlechtem Schuhwerk und fehlender Ausrüstung. Wenn sie tot sind, wenn sie in einer Schlacht oder in einem Gefecht gefallen sind, dann bekommt ihr einen Zettel, auf dem steht, der König und der Kriegsminister teile euren Schmerz, aber schließlich sei der Junge ein Held gewesen, ein echter Patriot, gestorben in Erfüllung seiner Pflicht. Woran sterben die Jungs dort? Werden sie von Gewehrkugeln durchsiebt? Sterben sie aus Hunger oder Durst? An einer Krankheit? Davon erzählt euch keiner was. Man erfährt nur, dass sie tot sind, das ist alles. Das steht auf dem Zettel, und dass sie ihre Pflicht erfüllt haben, das steht auch drauf. Und wir? Wie gut erfüllen wir unsere Pflicht, wenn wir denen unsere schlecht gefertigten Produkte rüberschicken?«

Die Arbeiter der Brufau lauschten den Worten ihres Werkmeisters Pijoan mit seiner schwarzen Armbinde. Klar, er litt unter dem Tod seines Bruders, aber beschrieb er wirklich, worum es ihnen ging? War das ihr Problem? Vielleicht übertrieb er ja maßlos. Hatte er vergessen, dass es um den Achtstundentag ging und um die dringend notwendigen

Lohnerhöhungen? Er sprach über die Qualität ihrer Arbeit. Ja gut, ihnen war schon aufgefallen, dass er in letzter Zeit nichts anderes im Kopf hatte. Aber dies war weder der rechte Ort noch der richtige Zeitpunkt, um über die Arbeit zu reden. Hier ging es um ihre Freizeit und ums Geld.

Pijoan bemerkte das höfliche Schweigen, er sah die mitleidigen, distanzierten Blicke und hob erneut den Arm, um sich Gehör zu verschaffen:

»Wir dürfen natürlich nicht vergessen, dass es auch ums Brot geht, um unser Recht auf Ruhezeiten. Aber neben den materiellen Dingen geht es auch um Respekt, es geht um unsere Menschenwürde. Wir sind keine Sklaven, wir sind weder taub noch stumm, und man kann nicht mit uns umspringen, als wären wir gut geölte Maschinen, die man treten kann wie ein Pedal. Wir haben das Recht auf eine eigene Meinung zu den Dingen, die wir tun. Und wir haben das Recht, unsere Meinung zu äußern, ohne dafür als Rebellen angeklagt und wie Verbrecher behandelt zu werden. Das Verbrechen besteht darin, diese schlecht verarbeiteten Produkte auszuliefern, weil es immer schnell gehen muss und weil es nur ums Geld geht. Es ist ein Verbrechen, wenn diese Produkte – ein Benzinkocher zum Beispiel, der im nächsten Augenblick explodieren kann! – eine Frau und ihre kleinen Kinder töten oder erblinden lassen können. Aber sie hören nicht auf uns, die Brufaus, wenn wir sagen, sie müssten etwas mehr Zeit einplanen und andere Ventile bei Comas i Tornés bestellen. Was wir brauchen, um menschlich zu bleiben, ist nicht allein der gute Lohn, den wir nach Hause tragen. Es muss uns auch erlaubt sein, gegenüber unseren Arbeitgebern den Mund aufzumachen, ohne dass sie uns deswegen gleich wie räudige Hunde behandeln, die man mit einem Tritt aufs Maul zum Schweigen bringt. Erst wenn wir nicht mehr allein vor ihnen stehen, erst, wenn wir die Macht der Gewerkschaft hinter uns wissen, erst dann sind wir keine Hunde mehr. Erst dann werden wir zu Menschen, die sprechen und argumentieren können. Und wenn dein Herr nicht auf dich hört, weil er dich nicht hören will, dann müssen wir uns auf andere Weise Gehör verschaffen, durch eine Zeitung, damit alle Welt erfährt, was vor sich geht. Nur so können wir sie aufhalten und ihrer skrupellosen Geldgier Einhalt gebieten.«

Nun hatte er die ganze Aufmerksamkeit auf seiner Seite, auf einmal hatten alle Verständnis für den Werkmeister Pijoan. Alzina antwortete von seinem Wagen aus:

»Ich finde es sehr gut, was unser Freund Pijoan gerade gesagt hat. Wir kämpfen um Brot. Aber wir kämpfen auch um unsere Würde. Und es gibt keine Würde ohne Meinungsfreiheit. Wir müssen uns dafür einsetzen, dass unsere unabhängige Presse eines Tages zu einer Macht wird, die sie fürchten müssen. Eine Macht, die sie daran hindert, so weiterzumachen wie bisher. Wir dürfen nicht zulassen, dass sie ungehindert ihr schmutziges Spiel fortsetzen.«

Nun bat Julián Santamaría, ein weiterer Arbeiter, um das Wort. Er stand ganz hinten in der letzten Reihe. Alle drehten sich zu ihm um und hörten aufmerksam zu, denn er gehörte zu den ältesten Mitarbeitern der Brufau und genoss großen Respekt.

»Wie viele Stunden arbeiten die Herren da oben? Sechs Stunden, allerhöchstens sieben, richtig? Hier bei uns in der Brufau, da arbeiten die Bosse immerhin überhaupt, sie sind Besitzer einer Fabrik und tragen Verantwortung. Doch da draußen gibt es viele andere, die leben nur von der Rendite, wie sie das nennen. Die setzen keinen Fuß in die Fabrik oder in irgendein Büro. In einer Welt der Zukunft, in einer Gesellschaft, in der soziale Gerechtigkeit herrscht, da können die Fabrikdirektoren nicht länger eine ruhige Kugel schieben. Wenn man uns täglich zwei oder drei freie Stunden gibt, dann heißt das nicht, dass wir die Zeit im Wirtshaus oder beim Kartenspiel vergeuden. Wir haben doch unsere Arbeiterzentren, mit einer Abendschule und Abendkursen. Wir können mit zwanzig, dreißig oder sogar vierzig Jahren all das lernen, was wir in der Schule nicht lernen konnten, weil unsere Eltern uns mit elf, zwölf Jahren zur Arbeit in eine

Werkstatt oder in die Fabrik schicken mussten. In diesen Zentren können Vorträge gehalten werden, man kann Chorproben abhalten und Theater spielen. Viele junge Leute gehen gerne schwimmen oder wollen Sport machen. Denkt auch an die Älteren, die Kinder und Enkelkinder haben und abends gern ein bisschen Zeit mit ihnen verbringen möchten, sie brauchen Zeit zum Reden, sie wollen wissen, was sie beschäftigt. Auch das gehört zur Menschenwürde. Und genau dafür kämpfen die Gewerkschaften – alle, nicht nur unsere, sondern alle Gewerkschaften der Welt – sie alle kämpfen für den Achtstundentag.«

Gegenüber der Carrer Sant Roc, in der Privatwohnung der Brufaus gleich neben der Fabrik, bewegte sich im obersten Stockwerk am Fenster eine Gardine. Dahinter deutete voller Befremden Casimir Brufau auf Miquel Alzina, den jungen Mann, der seit mehr als zehn Jahren für ihn arbeitete: »Sieh dir den undankbaren Kerl an!«, sagte er zu seiner Frau. »Und der andere daneben, das ist Pijoan, der hat schon zu Zeiten unseres Vaters in der Fabrik gearbeitet und war immer ein fleißiger, verantwortungsvoller Mensch. Da steht er nun und schwafelt rum wie all die anderen Hitzköpfe, dieser Pöbel. Und den da, Santamaría, den hätten wir schon lange auf die Straße setzen sollen. Ich weiß nicht, wie lange der schon diese anarchistischen Ideen verbreitet, dabei ist er nur ein bettelarmer Andalusier, der das Glück hat, ein guter Mechaniker zu sein. Wenn wir den rauswerfen, kommt er jederzeit woanders unter, trotz seiner anarchistischen Ideale. Die beiden, Alzina und er, sind ja schon lange von diesen Gedanken besessen, aber Pijoan! Wenn ich es nicht mit eigenen Augen sehen würde …«

Casimir Brufau war der ältere der beiden Brüder und kümmerte sich hauptsächlich um das Geschäft und die Familie. Anders sein jüngerer Bruder Jordi – der strebte nach Höherem. Er hatte vielerlei Beziehungen, wusste, wie man das Geld für sich arbeiten lässt, und wohnte mit Frau und Kindern in einer prächtigen Villa, die er sich im oberen Teil der Stadt hatte bauen lassen. Seit geraumer Zeit kam er nur noch einmal täglich gegen Mittag in die Fabrik, um nach dem Rechten zu sehen. Genau wie die meisten aufstrebenden Jungunternehmer, mit denen er enge Verbindungen pflegte, befürwortete der geldgierige Jordi Brufau die Bildung eines Arbeitgeberverbands. Die katalanischen Arbeitgeber wussten um die Gefahr, die ihnen drohte, und ihnen war bewusst, dass es hier um mehr ging als nur den üblichen Kleinkrieg zwischen ein paar autonomen Intellektuellen und der Regierung in Madrid. Hier ging es um einen Krieg zwischen Arbeitgebern und Arbeiternehmern, um einen Krieg zwischen jenen, denen die Fabriken und Industrieanlagen gehörten, und jenen, die alles auf den Kopf stellen wollten, die von Stundenabbau sprachen, von Lohnerhöhungen, von Betriebsräten in jedem Unternehmen, von Arbeitgeberverantwortung bei Betriebsunfällen, von Rentenbeiträgen, von sozialer Gleichstellung und sogar von Revolution und der radikalen Forderung, alles umzustürzen, auch die Regierung.

Jordi Brufau war überzeugt, dass all diese Ideen nicht von selbst entstanden waren. Es gab Einflüsse von außen, und deshalb galt es, schnell und energisch durchzugreifen. Dann würde man schon sehen, wie schnell dieses fremde Gedankengut wieder vergessen wäre. Jetzt konnte die Ordnung im Land nur noch durch das Militär wiederhergestellt werden. Da gab es Männer, die wussten, wie man Soldaten zu Gehorsam bringt, wie man sich Autorität verschafft. Was gab es da noch abzuwarten, bei dieser chaotischen Lage, die von Tag zu Tag wildere Ausmaße annahm? Jetzt war nicht der Augenblick für kleinkarierte Streitigkeiten um so folkloristische Dinge wie die Katalonienfrage. Hier ging es um wichtigere Interessen. »Na und?«, dachte er, »Dann sprechen wir eben spanisch und bringen es unseren Kindern bei, warum sollen wir nicht eine Kultur annehmen, die – seien wir mal ehrlich – viel größer und glänzender ist als unsere? Ist es das wert? Die ganzen Möchtegernliteraten, Bänkelsänger und Dichterfürsten, die haben uns doch diesen sozialen Aufstand erst eingebrockt, der halb Katalonien erfasst hat. Massenproteste sind ansteckend. Und die

Arbeiter in Barcelona, oftmals Zugereiste aus Andalusien, Kastilien oder Aragón, haben selbst miterleben können, wie die katalanischen Intellektuellen den Ungehorsam gepredigt und damit die Zentralmacht in Bedrängnis gebracht haben.«

Im *Ateneu Legitimista* traf Jordi Brufau regelmäßig mit anderen Industriellen zusammen, die seine Ansichten teilten. Einer von ihnen unterhielt Verbindungen zum ehemaligen Polizeiinspektor Manuel Bravo Portillo, der einen Vorschlag erarbeitet hatte. Sein Plan war wohl durchdacht und schlüssig und sah vor, innerhalb der vom Arbeitgeberverband geförderten Freien Gewerkschaften, den *Sindicats Lliures*, eine Art Privatpolizei zu organisieren, um das Übel an der Wurzel zu bekämpfen: Die führenden Köpfe mussten systematisch aus dem Gefecht gezogen werden. Dann würden auch die anderen schnell begreifen, dass es besser wäre, Ruhe zu geben. Die Föderation müsste dafür höchstens 6000 Duros im Monat aufbringen. Man brauchte Männer, die mit einer Waffe umgehen konnten und sich klaglos mit der ausgemachten Summe zufrieden geben würden, weil Diskretion für sie an erster Stelle stand.

Jordi Brufau sah diese Ideen Gestalt annehmen und freute sich, dass sie so großen Zuspruch fanden. Der Streik mobilisierte derweil die Stärke und den Zusammenhalt seiner Gegner. Sollten sie doch streiken und ihre angebliche Macht demonstrieren, dieser Pöbel, das waren eh alles Faulpelze! Vielleicht müsste man ein kleines bisschen nachgeben, aber nur so lange, bis alles auf den Weg gebracht war. Danach würde man schon sehen, wer gegenüber diesem Lumpenpack das letzte Wort hätte.

In der Fabrik in Sants hatte die neueste Anschaffung des jungen Fabrikbesitzers viele gehässige Kommentare hervorgerufen. Jederzeit stand für ihn ein gelber Hispano-Suiza mit Chauffeur in enger Hose und Schiebermütze bereit, der seinem Herrn diensteifrig jeden Morgen die Wagentür aufhielt. Doch in diesen schwierigen Zeiten zog Jordi Brufau es vor, sein Auto zu Hause zu lassen und in einer

Mietdroschke zur Fabrik zu fahren. An diesem Morgen hatte aber selbst seine demokratisch angemietete Droschke für Widerspruch gesorgt.

Vor der Fabrik drangen nun zehn Arbeiterinnen in die erste Reihe vor. Sie waren zwar noch etwas schüchtern und wurden rot, wenn eine von ihnen es wagte, das Wort zu ergreifen und allein vor den anderen zu sprechen. Doch auch sie waren fest entschlossen, den Streik durchzustehen, und halfen dabei, in den Geschäften um Spenden für die Familien der Verhafteten zu bitten, damit deren Kinder nicht verhungerten.

Die zweite von links war Pilar. Sie hatte ihren Arbeitskittel ausgezogen und trug einen knöchellangen dunkelblauen Rock mit feinen weißen Streifen, dazu eine helle Bluse mit hohem Stehkragen und Rüschen. Zufrieden stellte sie fest, dass der Redner Miquel Alzina es immer wieder vermeiden musste, sie anzusehen. Sein Ausweichen war genau das Zeichen, auf das sie gewartet hatte. Sie wollte andere Worte von ihm hören als diese öffentlichen, von oben herab gesprochenen. Vertrauliche, leise Worte, die für sie allein gedacht waren.

Schon seit Pilars erstem Arbeitstag in der Fabrik hatte Miquel Pilar mit Blicken verfolgt. Um die Mittagszeit, wenn die Arbeiterinnen im Hof auf den Bänken saßen und ihr Mittagessen auspackten, richtete Miquel es stets so ein, dass er kurz vorbeikam. Es war noch nie ein Wort zwischen ihnen gefallen, aber sie sah ihn immer an, wenn er an ihr vorbeiging, in seiner dunkelblauen Arbeitskleidung, mit den kräftigen, sonnengebräunten Armen, die aus der hochgekrempelten Jacke schauten. Er war schlank, ziemlich groß, hatte feine Gesichtszüge, glattes, dunkles Haar mit einer rebellischen Haarsträhne, die er sich oft mit dem Handrücken aus dem Gesicht strich. Sie wartete immer darauf, dass er vorbeikam, ließ ihn nicht aus den Augen und gab vor, dem Geplapper ihrer Kolleginnen zuzuhören, obwohl sie ganz anderes im Sinn hatte. Ohne zu lächeln blickte sie ernst und vielsagend drein wie eine Jägerin, die ihre Beute anvisiert, ein stummes Versprechen, dem sich niemand entgegenzustellen wagt. »Komm her, wenn du dich traust. Ich bin hier. Ich warte auf dich.«

Der junge Mann, der in diesem Augenblick im Namen der Gewerkschaft zu ihnen allen sprach und gleichzeitig als Sprecher gegenüber dem Fabrikbesitzer fungierte, hatte offenbar das Zeug, der neue Anführer zu werden. Alle, sogar der Werkmeister Pijoan, hörten Alzina aufmerksam zu und teilten seine Ansichten.

»Der Herr Casimir hat sich, seit der Streik begonnen hat, noch nicht ein einziges Mal dazu bequemt, das Haus zu verlassen. Der andere Chef, unser Herr Jordi, hat sich mit seinem Bruder im alten Familiensitz der Brufaus getroffen. Er ist im Pferdewagen angereist. In einer Droschke!«

Alle fingen an zu lachen und zu johlen:

»Na was ist denn jetzt mit seinem schönen Auto? Hat er Angst, wir könnten es ihm klauen?«

Von da an hörten alle auf die Anweisungen von Miquel Alzina, der den Arbeitern genau erklärte, was zu tun war, um diesen Arbeitskampf zu gewinnen.

Pilar machte sich ihre eigenen Gedanken über Miquel: Der sieht nicht aus wie ein einfacher Arbeiter, dieser Miquel Alzina. Eher wie ein feiner Herr, im dunkelgrauen Anzug, Hemd und Kläppchenkragen, dazu die schmale, gepunktete Krawatte. Erst am Tag zuvor hatte sie ihn gesehen, wie er mit einem Hut auf dem Kopf in die Fabrik kam. Der breitkrempige Hut stand ihm wesentlich besser als die Schiebermütze, unter der man seine schönen Augen gar nicht sah. Den Hut hatte er abgenommen, bevor er auf den Karren stieg und im Namen der Gewerkschaft das Wort an die Genossen richtete. Das sei eine Vorsichtsmaßnahme, hieß es, man solle sich kleiden wie ein feiner Herr und am besten einen Hut aufsetzen. Den musste er sich gekauft oder geliehen haben, damit er auf der Straße nicht auffiel, wenn er zu einem Treffen unterwegs war oder ›Kontakte pflegen‹ wollte.

»Der Junge wird sicher nicht sein Leben lang in einer Fabrik für Lampen und Öfen arbeiten«, dachte Pilar. »Das ist ein Gebildeter, der immer ein Buch mit sich herumträgt und eine zusammengerollte Zeitung in der Jackentasche hat. In letzter Zeit allerdings steckt er sich keine Bücher und Zeitungen mehr in die Tasche, denn die wirklich feinen Herren achten immer gut darauf, ihre Jackentaschen nicht unnötig auszubeulen, und außerdem haben sie alle Zeit der Welt und können gemütlich zu Hause im Sessel sitzen und Zeitung lesen. So schöne Hände hat er, dieser Miquel. Heute ganz besonders, bestimmt hat er sie zu Hause am Spülstein gründlich mit Wasser und Schmierseife geschrubbt. Da ist kein Hauch Maschinenöl mehr dran. Und beim Reden sind seine Hände immer in Bewegung. Sie flattern vor ihm, zwischen ihm und seinen Freunden hin und her, wie zwei zahme Tauben, die ganz nah rankommen, um ein Körnchen oder ein Stück Weißbrot zu ergattern, sonntags auf der Bank im Park oder auf der Plaça.«

4 TRÜGERISCHE RUHE

Miquel Alzina saß auf einer Bank am Platz vor der Universität und ruhte sich aus. Es war elf Uhr vormittags, und wäre nicht das helle Tageslicht gewesen, hätte man glauben können, es sei früh am Morgen, die Zeit, wenn die Straßenbahnen in ihren Depots ruhen und die Menschen in den Betten liegen. Ein paar wenige Fußgänger kamen vorbei, vereinzelt ein Wagen oder eine Droschke, das war alles, was sich in der Stadt bewegte.

Miquel hatte schon früh am Morgen die Wohnung in der Carrer de Borrell verlassen, um von seinen Genossen von der Metallarbeitergewerkschaft neue Streikinformationen und die neuste Parole zu erfahren. Jeden Augenblick war damit zu rechnen, dass man ihr Lokal in der Carrer de Mercaders schließen würde. Noch war das Zentrum der Handelsangestellten in der Carrer de Mendizábal geöffnet, aber jederzeit könnte die Polizei einen Schließungsbefehl erteilen. Auch für eine mögliche Zeit im Untergrund waren bereits Vorkehrungen getroffen worden: Miquel und zwei andere Genossen hatten genaue Instruktionen bekommen, die sie wiederum an drei weitere Genossen weiterzugeben hatten. Nach diesem Kettenprinzip konnten unter Umgehung größerer Zusammenkünfte alle wichtigen Informationen weitergegeben werden. Sollte die Kontaktkette unterbrochen werden, konnte man das fehlende Kettenglied leicht ersetzen. Jedoch erforderte dieses Vorgehen weite Fußwege durch die verlassen daliegende Stadt.

An diesem Vormittag hatte Miquel schon drei Wege hinter sich. In der Carrer de Mercaders hatte er seine Anweisungen bekommen, diese dann an seinen Genossen an den Docks der Barceloneta weitergegeben und zuletzt an seinen alten Freund, den Kesselflicker in der

Carrer de Valldonzella. Nun fehlte nur noch der Krankenwagenfahrer im Hospital Clinic, der mit den Gruppen aus den Industriestädten Terrassa und Sabadell Kontakt hielt. Erst danach würde er wieder zu den Streikenden vor der Brufau zurückkehren, die ihn bestimmt schon erwarteten.

Seit Tagen kam ihm, wenn er den Namen Brufau aussprach, das Bild der jungen Aragonesin in den Sinn, die er beim Streik getroffen hatte. Pilar hieß sie. Pilar? Ja richtig, Pilar. Wie sonst? Pilar ... Pilar ... Pilar ... Sie hatte längst bemerkt, dass Miquel auf sie aufmerksam geworden war, und angefangen, seine Blicke zu erwidern. Bei den Mittagsversammlungen vor dem Fabriktor war sie jedes Mal dabei. Meist stand sie vorn in der ersten Reihe zwischen den anderen Frauen, aber er vermied es, sie anzusehen, wenn er seine Reden hielt, aus Angst, vor all den Leuten aus dem Konzept zu kommen. Zwischen zwölf und zwei Uhr waren diese Versammlungen in vollem Gang. Er würde es wohl noch rechtzeitig schaffen, vorausgesetzt, die letzte Übergabe am Hospital Clínic hielte ihn nicht unnötig lange auf.

Der Fußweg durch die Stadt war lang. Man hatte ihm geraten, sich von den kleinen Gassen fernzuhalten und stattdessen auf die großen Straßen auszuweichen, auch wenn dies mit Umwegen verbunden war. In seinem Aufzug würde ihn niemand erkennen, auch wenn er lieber auf den Sonntagsanzug mit dem gestärkten Kragen und auf die unbequemen Lederstiefel verzichtet hätte.

Die Stadt. Die große Stadt. Seine Stadt. War es seine Stadt? Ja. Er war doch hier geboren. Seit einigen Tagen aber, seit sich der Streik zum Generalstreik ausgeweitet hatte und er regelmäßig von einem Ende Barcelonas zum anderen laufen musste, fiel ihm auf, wie fremd die Stadt ihm war, überall fremde Farben, fremde Düfte, fremde Geräusche. Aber er war auch fasziniert von diesen Vierteln Barcelonas, den ellenlangen Prachtstraßen der Reichen. Seine Stadt, die ihm vertraute Stadt, in der er täglich herumspazierte, das waren die Gassen rings um den Markt von Sant Antoni, die Parallel, das Viertel Sants und vor allem die Altstadt rund um die Kirche Santa Maria del Mar, wo sich das Gewerkschaftslokal befand. Auch die Carrer de Ponent gehörte zu seinem Revier, dort hatten sie das Arbeiterkulturzentrum eingerichtet, das *Ateneu Popular*, außerdem ein paar Straßen aus dem hauptsächlich von Arbeitern und Handwerkern bewohnten fünften Bezirk, die Carrer del Carme oder die Carrer de l'Hospital, durch die er lief, wenn er auf die Rambla oder ins Gewerkschaftslokal wollte, und schließlich die Carrer de la Cadena, eine Querstraße der Carrer de l'Hospital, wo sein Vater in der Druckerei der Zeitung *Tierra y Libertad* arbeitete.

Jetzt saß Miquel auf einer Bank am Platz vor der Universität. Vor ihm ein Denkmal, eine Statue zum Gedenken an den früheren Universitätsprofessor, ehemaligen Bürgermeister und Abgeordneten Doctor Bartomeu Robert; so stand es unten auf dem Sockel, links daneben die Unterschrift des Bildhauers, Joan Llimona. Der Stein, ein oft kantiges, kaltes, abweisend glänzendes Material, war hier ganz anders, wellig fließend. Aus einer Menschengruppe, dem katalanischen Volk, ragte die Figur des Doctor Robert heraus, an seinem Hals die Arme einer jungen Frau, die vertrauensvoll den Kopf an seine Schulter legte. Am Fuß des Denkmals bildeten zwei schrägliegende Säulen den Eingang zu einer Art natürlichen Grotte.

Ob es ein schönes Denkmal war? Das hätte Miquel wohl nicht behauptet, doch hässlich fand er es auch nicht gerade. Vor nicht allzu langer Zeit hatte er im *Ateneu Enciclopèdic* einen Vortrag über Architektur und zeitgenössische Kunst gehört, bei dem ein junger Lehrer seinem Publikum in einfachen Worten die Kunst Gaudís nahebrachte und von den Architekten und Bildhauern der Modernistischen Schule in Barcelona sprach, die auf revolutionäre Weise mit den traditionellen Formen gebrochen und dem falschen, starren Klassizismus den Rücken gekehrt hatten.

Bei der Gelegenheit war Miquel zum ersten Mal der Begriff »revolutionär« als Umschreibung für den neuen Umgang mit Stein und

Fliesen begegnet, im Zusammenhang mit Mosaiken, geraden und geschwungenen Linien, einem anderen Gespür für Farbe und Form. Miquel war durchaus überzeugt von der Kompetenz und Integrität des Vortragenden, aber er mochte sich kein Urteil über den Inhalt anmaßen. Vielleicht würde auch er selbst einmal anderen Kämpfen und Revolutionen als Zuschauer beiwohnen als seinen eigenen.

Am ersten Mai letzten Jahres, 1918, war Doctor Robert von seinem Sockel aus Zeuge grausamer Szenen geworden. Schon 1917 war es hart zugegangen, als sich die blutigen Augusttage angekündigt hatten, während derer Dutzende Arbeiter in verschiedenen Kämpfen im ganzen Land mit Maschinengewehren niedergeschossen wurden, doch Miquel erinnerte sich vor allem an die jüngsten Auseinandersetzungen am Platz der Universität, bei denen Arbeiter, Handwerker, einfache Angestellte und Studenten am ersten Mai von berittenen Kräften der Guardia Civil rücksichtslos niedergeknüppelt worden waren. Wie in den Vorjahren hatte es viele Opfer gegeben, zahlreiche Menschen lagen am Ende tot oder verletzt auf dem Pflaster. An jenem Tag war Miquel zusammen mit anderen jungen Leuten von den Pferden der Guardias über den Platz getrieben worden und sie hatten in ihrer Not versucht, auf das Denkmal zu klettern. Einer hatte es sogar bis ganz oben hinaufgeschafft. Da ihnen jedoch der Rückzug durch die Guardia Civil versperrt war, warfen sich alle, die nicht so schnell wegkommen konnten, zu Boden und stellten sich tot, in der Hoffnung, die Berserker würden bald verschwinden. Doch ganz im Gegenteil: Der Reiterführer gab seiner Schwadron das Zeichen zum Angriff, alle zückten die Schwerter und fingen an, mit der Breitseite drauflos zu schlagen. Miquel sprang vom Denkmal herunter und schaffte es, sich in gebückter Haltung hinter einer der Säulen am Sockel des Denkmals zu verstecken. Es hagelte Schwerthiebe, die rings um ihn her verteilt wurden. Mit angehaltenem Atem wartete Miquel, bis sich die Polizisten endlich zurückzogen.

Es waren nur wenige Frauen unter den Demonstranten, doch sie wurden zuallererst angegriffen und schafften es selten, schnell genug wegzurennen. Niemals würde Miquel die junge Frau vergessen, die sich auf dem Platz unter einer Palme am Boden gekrümmt hatte, um den Hieben eines Totschlägers in Uniform zu entgehen, der mit dem Gewehr auf sie eingeprügelt und sie mit Fußtritten malträtiert hatte. Würde Pilar es wagen, in so einem Kampf an seiner Seite zu stehen? Würde sie sich den wütenden Angriffen und der Gefahr entgegenstellen? Jahr für Jahr wiederholte sich im Frühling in allen Industrieländern derselbe Kampf der Arbeiterschaft, seit jenem denkwürdigen ersten Mai 1886, an dem die Arbeiter in Chicago ihre Stärke und ihren Zusammenhalt bewiesen hatten. 1887 war es gleich weitergegangen, als sechs bedauernswerte Anarchistenführer nach einer Provokation hingerichtet wurden, weil sie einen Streik ausgerufen hatten, um, damals schon, den Achtstundentag für die amerikanischen Industriearbeiter zu verlangen. Erst vor Kurzem hatte Miquel zu Hause die Textvorlagen gesehen, die sein Vater für seine Druckfahnen verwendet hatte, die vom amerikanischen Ursprung des Arbeitskampfs erzählten.

Joan Alzina war noch ein Junge gewesen, als die Märtyrer von Chicago für ihre Ideale ihr Leben gelassen hatten. Doch auch er stellte sein Leben ganz in den Dienst der guten Sache, so wie Tausende Männer und Frauen auf der ganzen Welt die besten Jahre ihres Lebens diesem Kampf gewidmet hatten. Seitdem hatte sich jedoch kaum etwas geändert. Hatte nicht in diesen Tagen die Revolution begonnen? Immerhin war der große Streik bereits eine Bewegung, die alle Arbeiter vereinte! Die Augen der Welt blickten gespannt auf den Kampf der Arbeiter von Barcelona. Es war Frühling, die Luft war klar, der Himmel blau und das Grün der Platanen explodierte.

Ob Pilar wohl Freude daran hätte, mit ihm unter der Platane an einem Kaffeehaustisch zu sitzen und mit ihm und seinen Freunden zu diskutieren? Der Kampf war hart, aber es gab Hoffnung. Was für ein heller Tag! Miquel ließ die Gedanken schweifen und dachte an Pilar. War dieser Gedanke bereits ein Verrat an den Genossen? Wie kann man von einem Mädchen träumen, wenn gleich um die Ecke die Kampfesbrüder zu Hunderten im Gefängnis sitzen? Bind dir die Schuhe zu, Miquel! Du hast deine Füße lange genug ausruhen lassen. Hör auf zu träumen. All diese romantischen Komödien wirst du noch in Ruhe ausleben können, wenn der Streik erfolgreich beendet ist. Erst wenn du deinen Achtstundentag hast, und Pilar noch dazu, erst dann kannst du anfangen, über idyllische Spaziergänge nachzudenken. Aber jetzt los, setz dich in Bewegung, geh zu dem Genossen im Hospital Clinic, der auf deine Anweisungen wartet!

Miquel ließ ein letztes Mal seinen Blick über den großen, menschenleeren Platz schweifen. Am quadratischen Turm des Universitätsgebäudes, dem Uhrenturm, hing hinter einem filigran geschmiedeten Gitter die Glocke, die ihm vorkam wie ein Symbol, sie stand für das Denken, das erwachende Bewusstsein, vereint mit alter Handwerkskunst. Auf der anderen Seite des Platzes stand an der Ecke der Carrer Pelayo das riesige Warenhaus *El Aguila*, gekrönt von einem bronzenen Raubvogel, der sich mit weit ausgebreiteten Flügeln an einer Erdkugel festkrallte. Hatten diese reichen Handelsleute es wirklich nötig, ihre Gier so dreist zur Schau zu stellen?

Aus einer kleinen Gasse kam eine Gruppe von Frauen, die mit leeren Taschen und Körben den Platz überquerten. Offenbar waren sie unterwegs in den östlichen Teil der Stadt, was bedeutete, dass sie einen langen Fußmarsch vor sich hatten bis zum Delta des Llobregat, wo sie den Bauern vielleicht etwas Obst und Gemüse, vielleicht auch ein Kaninchen, ein Hähnchen oder ein Stück Speck abkaufen wollten.

Miquel vernahm hinter sich ein Rattern, das langsam näherkam, und drehte sich um. Ein junger Rekrut steuerte die Straßenbahn der Linie 29, die langsam über die Schienen rumpelte. Innen keine Menschenseele. Der Zug fuhr langsam weiter, auf beiden Seiten des Waggons hing ein etwas kümmerliches Schild mit der Aufschrift:

PHOSPHATINES FALIERES
Die beste Nahrung für Ihr Kind

Miquel sah auf zur Oberleitung und beobachtete, wie der Trolley den Strom anzapfte. Sie fanden also immer noch Mittel und Wege, ihren Dienst aufrechtzuerhalten. Währenddessen blieben die Arbeiter zu Hause oder warteten im Gefängnis auf das Ende des Aufstands. Aber ein paar wenige Streikbrecher, unterstützt durch Soldaten aus dem Ingenieurskorps an den Generatoren, reichten schon aus ... Am Ende kam es nicht darauf an, ob es Strom gab oder nicht, sondern nur darauf, dass die Arbeiter sich weigerten, zu ihrer Arbeit zurückzukehren.

Die Straßenbahn fuhr weiter. Hinten auf der Plattform standen zwei Männer vom *Somatent*, die mit ihren Gewehren in der Hand zur Verteidigung der nicht vorhandenen Fahrgäste bereitstanden. Nur ein älterer Mann, ein Bourgeois, dem sicherlich noch andere Fortbewegungsmittel zur Verfügung standen, leistete ihnen Gesellschaft und redete breit grinsend auf sie ein. Quer über den Bauch baumelte ihm eine dicke Uhrkette, sein Hals wurde von einer Fliege eingeschnürt, dazu trug er einen weichen, breitkrempigen Hut mit Seidenband – er sah aus wie ein gutsituierter, jovialer Lebemann. Anscheinend war er einer dieser Libertins, die regelmäßig das *Eden Concert* besuchten und mit allen Prostituierten auf Du und Du waren, während sie zu Hause ihre Frauen und Töchter dazu anhielten, keine Messe, Vesper und Novene zu verpassen; einer von der Sorte, die es nicht ertragen, wenn Arbeiter eine Pesete mehr am Tag verlangen.

Als die Straßenbahn an seiner Bank vorbeiruckelte, zwinkerte der Mann Miquel mit demselben jovialen Ausdruck zu, mit dem er auch sonst die »gesunde Jugend« zu bedenken pflegte. Miquel lächelte den Mann etwas gequält an, schüttelte den Kopf, starrte auf die Hosenaufschläge seines Sonntagsanzugs, die hässlichen Knöpfe seiner bourgeoisen Lederschuhe. Für den Rest des Tages ärgerte er sich über sich selbst, weil er diesem selbstgefällig grinsenden Kerl mit seinem Lächeln womöglich zu einem guten Gewissen verholfen hatte.

5 HEIRAT

Als sich die Lage in der Brufau und in den anderen Fabriken wieder normalisiert hatte, fasste Miquel den Mut, Pilar anzusprechen, und schlug vor, sie nach der Arbeit nach Hause zu begleiten.

»Ich habe es aber ziemlich weit. Das könnte anstrengend für Sie werden.«

Auf das höfliche »Sie« reagierte er mit einer abwehrenden Handbewegung:

»Ich bin es gewohnt, weit zu laufen.«

Und in vertraulicherem Ton fügte er hinzu:

»Ich möchte mit dir sprechen!«

Ein großes Wort, das erste Du. Ab diesem Zeitpunkt stand Miquel jeden Morgen um fünf Uhr auf, um Pilar in der Carrer Corders abzuholen und mit ihr gemeinsam zur Fabrik zu gehen. Auf dem Weg zur Arbeit sprach er nicht selten von den Unterdrückten, von der Arbeiterklasse, von der Gerechtigkeit und vom Glück, das auf die Menschheit wartete. Pilar übersetzte diese Begriffe in ihre eigene Sprache und merkte sich nur das Persönliche, Wörter wie Hoffnung, Glück, neues Zeitalter und Freiheit. Seine anarchistischen Erklärungen verstand sie als immer neue Liebesgeständnisse. Was ihr nicht verständlich war, nahm sie in einer hingebungsvollen Geste der Zustimmung geduldig hin.

Nach einer Weile begann Pilar, ihren Eltern von jenem jungen Mann zu erzählen, der als Mechaniker in der Brufau arbeitete, ordentlich seinen Lebensunterhalt verdiente, ehrenhafte Absichten hegte, vom Militärdienst befreit war und sogar schon von Heirat sprach. Kurz darauf war die Heirat beschlossene Sache. Zu Anfang hatte der Stiefvater Sebastià noch Einwände erhoben, das Mädchen sei doch viel zu jung … Sie hätten diesen Jungen noch nie gesehen und wüssten nicht, wo er herkäme … Außerdem gebe es doch keine Eile. Aber da hatte sich Pilars Mutter schon auf den Weg in die Carrer de Borrell gemacht, um dort Miquels Mutter Valeriana kennenzulernen. Beide kamen aus Aragón und verstanden sich sofort. Wenn Miquel ebenfalls einverstanden wäre, würden sie dem Paar alle Unterstützung zukommen lassen. Die beiden könnten zunächst eine Zeitlang bei den Alzinas wohnen, bis sie etwas Eigenes fänden.

Die Frage nach der Form der Trauung war ein wichtiger Streitpunkt, an dem sich die Geister zu scheiden drohten. Miquel lehnte eine religiöse Zeremonie ab. Valeriana gestand ein, dass ihr Miquel ja nicht einmal getauft sei. Der Stiefvater von Pilar wollte vor allem wissen, ob »die Kleine sich schon versündigt« habe und bestand auf einer kirchlichen Hochzeit:

»Soll das etwa eine Ehe sein? Nur vor dem Standesamt, ohne Pfarrer, kein weißes Kleid, keine Blumen, kein gar nichts? Warum dann überhaupt heiraten? Warum nicht gleich wie die Hunde auf der Straße vögeln, ohne um Erlaubnis zu fragen?«

»Eine kirchliche Trauung wird es mit uns nicht geben«, antwortete Valeriana.

»Na gut«, seufzte Pilars Mutter schließlich und versuchte zu vermitteln: »Aber die Sache muss unter uns bleiben. Vor allem darf in Barbastro niemand etwas davon erfahren!«

Gleich nach der Hochzeit wurde Pilar schwanger. Stiefvater Sebastià, Angestellter des Kaufhauses *El Siglo,* hatte sich wohl oder übel damit abfinden müssen, dass seine Frau »die Kleine« nach eigenem Gutdünken verheiratet hatte. Dennoch unterließ er es nie, deutlich zu zeigen, was von dieser Anarchistenfamilie zu halten war, und hielt Pilar und seiner Frau Moralpredigten:

»Und? Wie sieht es aus bei den Alzinas? Sind sie schon fertig mit ihrer Revolution? Unsere Pilar kann schon froh sein, dass der Kerl nicht auch noch ein Anhänger der freien Liebe ist. Der wird nie aus seinem proletarischen Sumpf rauskommen, dieser Miquel Alzina. Der Angeber steigert sich völlig in seinen Wahn hinein, wie Don Quijote in seine Rittergeschichten. Er hört Vorträge zur Geschichte der Arbeiterbewegung, das hat er mir letzten Sonntag erzählt, oder ›Grundbegriffe der Volkswirtschaft‹, ›Einführung in die Philosophie des 19. Jahrhunderts‹ und solche Sachen. Neulich hat er mir einen Text aus der *Escola Racionalista* in der Carrer de Alcolea gegeben, als hätte ich jetzt auch noch ein Interesse daran, Philosoph zu werden. Die brauchen anscheinend Leute, diese Anarchisten, ständig machen sie Propaganda ... Wenn dein Mann wenigstens darauf aus wäre, Abgeordneter zu werden oder Senator, oder mindestens Mitglied des Stadtrats, das wäre doch mal was. Dein Miquel Alzina, der ist noch jung, und dumm ist er auch nicht, es würde ihm doch gut zu Gesicht stehen, wenn er eines Tages ein bisschen Minister und ein bisschen Millionär würde, nicht wahr? Und mich könnte er zu seinem Sekretär und Abteilungsleiter ernennen. Dein Miquel, als der hier aufgetaucht ist, da hat er ganz auf Señor gemacht: sein feiner Anzug aus Wolle, der steife Kragen, die Krawatte und gut geputzte Schuhe ... Und jetzt kommt er hier an in seinem Blaumann und mit Stoffschuhen, als käme er direkt aus der Fabrik. Wenn er auch nur einen Funken Ehrgeiz im Leib hätte, würde er etwas mehr auf sein Aussehen achten. Wenn man Erfolg haben will, ist das das Allererste. Ich zum Beispiel. Also gut, bei mir ist das was anderes, das ist eine Frage des Berufs. Im *Siglo* müssen wir gut angezogen sein. Aber selbst wenn ich Mechaniker oder Schuster wäre oder was weiß ich, Müllfahrer, ich würde ganz sicher auf mein Auftreten achten. Das ist doch eine Frage der Selbstachtung.«

6 KONGRESS IN MADRID

Gegen Ende des Jahres musste Miquel verreisen. Er suchte nicht einmal nach einer Ausrede, um seinen Chef, Casimir Brufau, um ein paar Tage Urlaub zu bitten.

»Ich brauche acht freie Tage ab dem 18. des Monats. Da haben wir unseren Nationalkongress in Madrid, ich bin der Delegierte der Metallgewerkschaft.«

Casimir Brufau hielt die Luft an. Die Gewerkschaften waren doch, zumindest in Katalonien, per Anordnung des Gouverneurs geschlossen worden. Oder etwa nicht? Seit diese Leute sich mit ihrem Streik durchgesetzt hatten, benahmen sie sich, als gäbe es überhaupt keine Gesetze mehr. Dennoch beschränkte er sich darauf, etwas Unverständliches in seinen Bart zu murmeln, und erteilte Miquel schließlich die Erlaubnis, nach Madrid zu fahren.

Pilar beschloss, die Tage seiner Abwesenheit zu nutzen, um ihre Verwandten in Barbastro zu besuchen, die sie seit Jahren nicht gesehen hatte. Sie war im sechsten Monat schwanger mit Llibertat und würde die siebenstündige Zugfahrt schon irgendwie überstehen. Besuchen wollte sie vor allem die alte Tante Rafaela, der eine Weizenmühle und viele Hektar Land gehörten, dazu noch ein paar Läden in der Stadt und ein Gutshaus. Rafaela war weder jung noch bei guter Gesundheit, sie war übergewichtig und hatte es am Herzen. Also konnte man jeden Augenblick damit rechnen, dass ihr etwas passierte!

Pilar kam genau im rechten Augenblick nach Barbastro. Tante Rafaela empfing sie herzlich und beklagte zwar den Umstand, dass Pilar einen einfachen Arbeiter geheiratet habe. Aber gut, wenn er ehrlich und fleißig war, konnte er ja so schlimm nicht sein. Pilar hoffte genau wie mehrere Cousins und Cousinen auf das geheimnisvolle Testament der Tante, das der Notar Señor Almúdez bis zu ihrem hoffentlich baldigen Ableben in seinem Büro verwahrte.

Zurück in der Carrer de Borrell wollte Pilar Miquel von diesem Testament erzählen. Eine Erbschaft der Tante hätte der jungen Familie eine solide finanzielle Grundlage verschaffen können. Doch der aus Madrid zurückgekehrte Miquel war nur daran interessiert, von seiner Reise und vom Verlauf des zweiten Kongresses der *Central Sindical* zu berichten. Der alte Alzina lud anarchistische Freunde ein, darunter Germinal Giner und dessen junge Frau Asunción, die im gleichen Alter wie Pilar war und ebenfalls in den nächsten Monaten ein Kind erwartete, das den Namen Ana tragen sollte. Eifrig erzählte Miquel den Freunden vom Kongress in Madrid:

»In dem kleinen Hotel San Martín waren etwa fünfzehn Delegierte aus den verschiedenen Regionen untergebracht. Auch die katalanischen Delegierten wohnten dort: Salvador Seguí, Joan Peiró, Andreu Nin, David Rey, Ángel Pestaña Núñez, Emili Mira und Francesc Comas. Außerdem zwei Delegierte aus Valencia, Hilario Arlandis und Eusebi Carbó. Arlandis ist ein ruhiger Junge mit Brille und einer sanften, sehr überzeugenden Stimme. Er hat bei dem Kongress die harte Fraktion vertreten, die den sofortigen Beitritt der spanischen Gewerkschaften zur bolschewistisch orientierten Dritten Internationale in Moskau vorschlägt.

Die führenden Köpfe der katalanischen Delegation, Salvador Seguí und Ángel Pestaña Núñez, sind der Meinung, man müsse zuerst genau die Lage bestimmen, ehe man sich angesichts einer so weitreichenden Frage wie der Russischen Revolution positioniere. Man solle die Dinge auf keinen Fall überstürzen und sich nicht blindlings der Bewegung anschließen.

Natürlich müssen wir die auf eine militärische Intervention hinauslaufenden kapitalistischen Bestrebungen anprangern, ebenso gilt es, mit aller Kraft die Wirtschaftsblockade zu verhindern, da diese darauf abzielt, die proletarische Revolution zu stoppen. Vor allem brauchen die russischen Arbeiter die rückhaltlose Solidarität des Weltproletariats. Allerdings, das hat Seguí gesagt, können wir nicht davon ausgehen, dass die russischen Bolschewisten unsere antiautoritären und dezentralistischen Ideale teilen werden.

Arlandis hat bei allen Sitzungen gekämpft wie der Teufel. Er ist überzeugter Anarchist, Feind aller Formen der Tyrannei und Gegner jeglicher Gewaltanwendung von Menschen gegen Menschen. Eine defensive Gewalt zur Verteidigung der von allen Seiten bedrohten Revolution hält er jedoch für gerechtfertigt. Die Dritte Internationale hat öffentlich erklärt, die Diktatur, die dem Land aufgezwungen wurde, sei nur eine Übergangslösung, weil das eigentliche Ziel in der Abschaffung aller staatlichen Macht bestehe: ›Wenn die russische Revolution siegt‹, so Arlandis, ›dann ist es unsere Pflicht, ihr zum Sieg zu verhelfen, und in zwanzig Jahren wird der anarchistische Kommunismus hier bei uns seine erste Heimat finden.‹

Eleuterio Quintanilla, ein Delegierter aus Asturien, hat der These von Arlandis im *Teatro de la Comedia* am gründlichsten widersprochen. Er glaube nicht, dass die russische Revolution das Ideal des revolutionären Syndikalismus verkörpere. Aber auch für ihn handelt es sich dabei um ein wichtiges Ereignis für die Menschheit.«

Und Miquel führte Quintanillas Position weiter aus: »Die russische Revolution ist nicht von einer Gewerkschaftsorganisation durchgeführt worden, sondern von einer Partei. Und die hat eine revolutionäre Regierung eingesetzt, um die Gesellschaft neu zu organisieren, um eine neue Ordnung zu schaffen, ein neues Recht. Es ist das marxistische Konzept der Klassenrevolution. Die Gewerkschafter haben sich stets gegen diese autoritäre, zentralistische Auffassung gewehrt und ihr die beständige, effiziente Intervention des Volkes gegenübergestellt, die ihre Form in der Volksvertretung und in den Exekutivorganen findet. Eine Revolution lässt sich nicht allein durch Überzeugung realisieren. Es kommt der Zeitpunkt, wo das Kräfteverhältnis entscheidend ist. Die russische Diktatur ist jedoch nicht Ausdruck der Kraft eines Volkes, weil diese in den Händen einer Partei und eines Staates liegt und weil der Staat, egal wie revolutionär, immer eine Gefahr für die Revolutionäre und für die Revolution selbst darstellt. Da jedoch die russische Revolution der Welt nur das Beispiel einer Regierungsdiktatur, einer Staatsdiktatur zeigen kann, können die Gewerkschaften sich ihr, jedenfalls zum jetzigen Zeitpunkt, nicht anschließen, weil sie zu offenkundige Gefahren in sich birgt, die unabsehbare Folgen für uns haben könnten.«

Am Tisch der Familie Alzina in der Carrer Borrell gab es Anhänger beider Strömungen. Der junge Schneider Giner meinte, Arlandis hätte die einhellige Unterstützung des Kongresses erhalten müssen, während Vater und Sohn Alzina eher den Standpunkt von Seguí und Pestaña teilten.

»Ihr seid doch nur für die beiden, weil sie so große Redner und so eindrucksvolle Persönlichkeiten sind«, behauptete Giner, dem die Argumente ausgingen.

»O nein«, entgegnete Joan Alzina. »Ich bin auf ihrer Seite, weil ich wirklich glaube, dass sie Recht haben. Wir dürfen uns nicht bedenkenlos in die Arme der Russen werfen und uns von unseren Emotionen leiten lassen. Zwischen Lenin und Trotzki einerseits und dem Zaren auf der anderen Seite würde ich mich für Lenin und Trotzki entscheiden. Aber welche Garantien können sie uns für die Zukunft bieten? Wenn die Bolschewiken nicht regelmäßig die Volksautoritäten zu Rate ziehen, dann wird diese Revolution wie so viele andere im Sande verlaufen. Die Opfer, die das russische Volk sich heute auferlegt, haben dann einzig und allein dazu geführt, die eine privilegierte Kaste durch eine andere zu ersetzen, das heißt, die feudalen Autokraten gegen Funktionärsautokraten auszutauschen.«

Pilar hörte diesen langen Analysen und Diskussionen über den Kongress in Madrid zu, ohne das geringste Interesse zu zeigen. Ihr Desinteresse entsprang keiner Feindseligkeit, ja nicht einmal einer

Langeweile. Je weiter ihre Schwangerschaft voranschritt, desto mehr versank sie in Lethargie. Die Tage vergingen, und Pilar fing an, die Zeit, die sie von der Geburt trennte, in Wochen zu zählen. Während ihr Mann Miquel von einem Sohn träumte, der eines Tages die Revolution miterleben sollte, erträumte sie sich für ihr Kind die Erbschaft der Tante Rafaela und einen kleinen Laden in Barbastro.

Jordi Brufau nutzte mittlerweile wieder jeden Tag seinen Hispano-Suiza, den der Chauffeur in seinen engen Diensthosen und mit der Schiebermütze auf dem Kopf für ihn bereithielt. Er verbrachte jetzt jeden Nachmittag in der Fabrik und blieb oft so lange dort, bis auch die Arbeiter wieder heimgingen. An den spöttischen Blicken der Arbeiter, die nun zwei Stunden früher als sonst, bei gleicher Bezahlung, die Fabrik verlassen durften, schien er sich nicht zu stören.

Seit dem Ende der Streiks war die Beziehung zwischen den Brufau-Brüdern und der Belegschaft deutlich abgekühlt. Ihre Unterhaltungen beschränkten sich auf rein Dienstliches, der Konflikt vom Frühjahr wurde mit keinem Wort erwähnt. Und genau das Fehlen der üblichen Kommentare, besonders von Casimir, dem ältesten der Brufau-Brüder, signalisierte Gefahr. Casimir hatte anscheinend Anweisung bekommen, stillzuhalten und abzuwarten. Da war irgendetwas im Gang. Der Mann mit dem Hispano-Suiza war nicht der einzige Arbeitgeber in Barcelona, der sich betrogen fühlte. Auch in den anderen Betrieben herrschte eine bleierne Stimmung.

Miquel Alzina und seine Genossen von der Gewerkschaft verfolgten aufmerksam die ersten Zeichen des Gegenangriffs, der sicher nicht auf sich warten lassen würde. Schon in den ersten Tagen des *Canadenca*-Streiks war die Arbeitgebervereinigung »Federación Patronal de Barcelona« gegründet worden. Von deren Existenz zeugte als erstes der Lock-Out in der Baubranche, der den ganzen Sommer andauerte. Im August waren 70 000 Arbeiter dieses Berufszweigs ohne Arbeit. Als sie am Montagmorgen zur Arbeit kamen, wie immer bereit, zu Kelle und Mörtel zu greifen und Ziegelsteine aufeinanderzuschichten, wurden sie sogleich von den Arbeitgebervertretern mit den Worten empfangen:

»Lasst das mal alles schön liegen. Ihr könnt wieder nach Hause gehen. Dieser Bau wird stillgelegt. Anordnung von oben.«

»Wie denn das? Das kann doch nicht sein! Sie können doch die Leute nicht ohne Lohnausgleich auf die Straße setzen!«

»Den werdet ihr schon kriegen, euren Lohnausgleich. Nach dem Gesetz habt ihr Anspruch auf eine Woche Lohn. Danach könnt ihr Sand und Steine fressen. Vielleicht kapiert ihr dann, was so ein Streik bedeutet.«

Im Sommer griff die Regierung aus Madrid ein und versuchte, den Konflikt mit gütlichen Vorschlägen zu schlichten. Eine gemischte Arbeitskommission, in der Arbeitnehmer und Arbeitgeber in gleicher Zahl vertreten waren, sollte über die Streitfragen entscheiden. Doch die Grauperas, die Sales, die Muntades und auch die Brufaus hatten ihre eigenen Vorstellungen davon, wie man soziale Konflikte löst, und die Regierung in Madrid schien nicht geeignet, die Industriellen in diesen Fragen umzustimmen. Am 20. Oktober organisierte der spanische Arbeitgeberverband einen Kongress in Barcelona, bei dem beschlossen wurde, im kommenden Winter, während der härtesten Monate des Jahres, einen allgemeinen Lock-Out zu erklären. Die Operation sollte zuerst nur in Katalonien stattfinden und dann, wenn nötig, auf ganz Spanien ausgeweitet werden. Ein Hilfs- und Ausgleichsprogramm für die besonders geschwächten Industrieunternehmen wurde in Erwägung gezogen. Das war der Anfang des Hungerpakts.

Am 14. November starteten die Chefs in vielen Werkstätten, Fabriken und auf den Baustellen eine Säuberungsaktion und verweigerten den prominentesten Gewerkschaftern den Zutritt zu ihren Arbeitsstätten. Die Anstrengungen der gemischten Kommission blieben erfolglos, die halbherzige Initiative seitens der Regierung war gescheitert.

In der Brufau wurden an jenem Montag, dem 14. November, Miquel Alzina, der Vorarbeiter Joaquim Pijoan und Julián Santamaría vom Pförtner am Fabriktor festgehalten: Sie durften die Werkstätten nicht betreten. Casimir Brufau bestelle sie zu sich, erfuhren sie, er habe eine dringende Nachricht für sie. Die drei Männer schauten sich an. Verunsichert folgten sie dem Pförtner ins Verwaltungsbüro, wo Casimir Brufau sie bereits erwartete. Sein Bruder Jordi war noch nicht in der Fabrik eingetroffen, und Casimir schien es unangenehm zu sein, sich diesen Männern, die er seit so vielen Jahren kannte, allein gegenüberzusehen. Er stand hinter seinem Schreibtisch, wortlos und blass, und hielt ihnen drei Briefumschläge hin.

In einer Ecke des Büros versteckte sich der glatzköpfige Buchhalter, Señor Ibáñez, hinter einem Haufen Papier und schien ganz darin vertieft, den großen Schreibtisch aufzuräumen. Der Pförtner Solar Brufau hingegen, ein armer Verwandter der Familie, stand an der Tür, den Knauf in der Hand, und wollte sich offenbar nichts von dem Spektakel entgehen lassen. Er hatte nicht den Mut, die drei direkt anzusehen, und benahm sich wie ein einfacher Angestellter, der auf den Befehl des Chefs wartete. Casimir ließ seine schlechte Laune an ihm aus:

»Worauf wartest du noch? Mach die Tür zu und verschwinde!«

Er zog sich rasch in sein Pförtnerhäuschen zurück und hörte nur noch Geschrei, Beleidigungen und Drohungen. Nach wenigen Minuten ging die Bürotür auf, und die drei kamen mit ihren Umschlägen in der Hand aus dem Büro des Chefs. Santamaría, der Letzte in der Reihe, knallte lautstark die frisch erneuerte Bürotür zu, auf der das Wort Direktion umkränzt von rosa Lilien prangte.

7 AUSSPERRUNG

Nachdem Casimir Brufau ihm von heute auf morgen gekündigt hatte, machte sich Miquel auf Arbeitssuche. Er verbrachte mehrere Tage damit, sich bei jedem in Frage kommenden Betrieb der Stadt vorzustellen und nach einer Stelle zu fragen. Doch auch der Arbeitgeberverband war nicht untätig und hielt die Unternehmen auf dem Laufenden: Sobald Miquel seinen Namen nannte, hieß es bedauernd: »Die Stelle ist besetzt, wir brauchen keinen Mechaniker.« Doch Miquel ließ sich nicht entmutigen und war fest entschlossen, notfalls den Beruf zu wechseln und Maurer, Maler oder Hafenarbeiter zu werden. Eines Abends, als er mit seinen alten Freunden aus der Brufau zusammensaß, sagte einer zu ihm: »Versuch es doch mal bei Gironès, der hat eine Gießerei im Bezirk Clot. Die Arbeit ist nicht leicht, aber Gironès ist einer von den Guten, nicht so wie die feinen Herren aus der Brufau. Gironès arbeitet mit Bildhauern, die bei ihm ihre Werke gießen lassen, und ist selbst Künstler. Ab und zu macht er seine eigenen Skulpturen. Der Mann ist zwar kein Revolutionär, aber immerhin ein Linker, und er hat als einer der ersten den Achtstundentag eingeführt. Er erzählt jedem, der es hören will, dass er sich einen Dreck um den Arbeitgeberverband und dessen Beschlüsse schert. Geh doch mal zu ihm, vielleicht kann er einen wie dich gebrauchen.« Und so geschah es: Miquel ging zu Gironès, stellte sich vor und wurde vom Fleck weg engagiert, sogar mit einem höheren Gehalt als bei der Brufau.

Doch er vergaß seine alten Freunde nicht. Immer wenn er bei seinen abendlichen Besuchen im Gewerkschaftslokal die früheren Kollegen aus der Fabrik traf, kamen dieselben Fragen auf: Was ist aus den anderen geworden? Wie sind sie mit den Entlassungen zurechtgekommen?

Aber auch: Wie steht es um die Produktion? Wer übernimmt welche Position, nachdem so viele entlassen worden sind? Was ist mit dieser und jener Maschine, die schon früher ihre Marotten hatte? Und auch die soziale Frage im Hinblick auf die Brufau-Fabrik ließ ihn nicht los.

Casimir und Jordi Brufau hatten zunächst jedem Arbeiter, der bereit war, den Kontakt zur Metallarbeitergewerkschaft gänzlich einzustellen, einen Zuschlag von zwei Peseten pro Tag versprochen. Sofort waren elf Kandidaten dazu bereit gewesen. In einer zweiten Phase hatten die Brufaus gemeinsam mit diesen elf Freiwilligen die »Freie Gewerkschaft der Metallindustrie« gegründet. Hier sollten die Arbeiter Unterstützung und Rückhalt für ihre Forderungen finden. Als Ersatz für Alzina, Pijoan und Santamaría waren drei Männer eingestellt worden, die bereits den Mitgliedsausweis der »Freien« besaßen.

Die Arbeiter diskutierten schon seit Tagen bei jeder Gelegenheit darüber, ob sie dieser neuen Gewerkschaft beitreten oder doch lieber der alten Organisation treu bleiben sollten, die immerhin den Streik im Frühjahr organisiert und den Achtstundentag durchgesetzt hatte, den »diese Arschlöcher uns schon seit zwanzig Jahren vorenthalten«, als eine brutale Ankündigung Brufaus sie alle schlagartig verstummen ließ.

Jordi Brufau war an diesem Tag schon früh morgens mit seinem Hispano-Suiza in die Fabrik gefahren, diesmal saß er selbst am Steuer. Als die Arbeiter gerade in die Werkstätten strömten, hielt er sie alle auf, um mitzuteilen, der Arbeitgeberverband habe beschlossen, dass ab dem heutigen 25. November alle Industriebetriebe ihre Produktion auf unbestimmte Dauer einstellen würden.

»Versteht ihr«, sagte er, »nicht nur die Brufau schließt ihre Tore, sondern alle Fabriken, Werkstätten und Baustellen in allen vier Provinzen Kataloniens. Nur der öffentliche Dienst und die Lebensmittelversorgung bleiben in Betrieb. Für alle anderen gibt es ab heute keine Arbeit mehr.« Die Brufaus schickten ihre Arbeiter und Angestellten nach Hause. Das galt für alle, nicht nur für die Agitatoren und die

Streikführer. »Ich persönlich bedauere es sehr«, beteuerte Brufau, »dass damit Schuldige und Unschuldige in einen Topf geworfen werden. Aber was soll ich machen?«

Es dauerte eine Weile, bis die Leute glauben konnten, was sie gerade gehört hatten. Einer der Älteren rief Brufau zu:

»Soll das ein Witz sein?«

Weitere pflichteten bei:

»Warum wollt ihr denn zumachen? Es gibt doch Arbeit genug!«

»Und was wird mit der Bestellung aus Saragossa? Ihr habt doch gesagt, die muss bis Samstag fertig sein!«

Auch die Frauen verlangten nach einer Erklärung. Eine sagte:

»Das kommt mir vor, als ob jetzt die Chefs streiken! Aber sie müssen uns doch wenigstens noch bezahlen!«

Jordi Brufau, der auf diese Frage schon gewartet hatte, zuckte mit den Schultern und antwortete schneidend:

»Eine Woche. Ihr bekommt noch eine Woche Lohn. Kommt bitte einzeln hoch ins Büro, einer nach dem anderen.«

Jordi Brufau drehte sich um, ging zu seinem Büro und zog die schöne Tür mit der Jugendstil-Verglasung hinter sich ins Schloss.

Die Werkstatt des Gießers Gironès, in der Miquel nun arbeitete, war eines der wenigen Unternehmen in Barcelona, das seine Arbeit trotz der Aussperrung fortsetzte. Gironès war fest entschlossen, dem Druck standzuhalten. Er verkündete seinen Arbeitern, bei ihm werde so lange gearbeitet, wie es Rohstoffe und Kohle gebe. An Aufträgen mangelte es nicht und die drastischen Strafmaßnahmen gegen die katalanische Arbeiterschaft ekelten ihn an. Das Ganze erinnerte ihn an seine Erfahrungen als junger Unteroffizier im Kubakrieg: Ein paar Gewehrschüsse und ein niedergestochener Wachposten gaben Anlass zu gnadenlosen Massakern in den Ranchos und Bohíos, gerichtet gegen arme Leute, die weder ihre Unabhängigkeit verlangt, noch darum gebeten hatten, unter spanischer Krone zu bleiben.

Gironès fand es erbärmlich, die Kinder der Arbeiter hungern zu lassen. Und das ausgerechnet jetzt, zur Weihnachtszeit. Wie üblich waren es die ewigen Frömmler und Sakristeiratten, die sich diese Wohltat ausgedacht hatten. Sie selbst würden am Heiligen Abend mit der ganzen Familie in die Mitternachtsmesse gehen, das Jesuskind im Stroh anbeten, zwischen Ochs und Esel, und sie würden keinen Gedanken an die Kinder und Familien der 200 000 Arbeiter verschwenden, die sie ins Elend trieben. Nein, Gironès würde dem Aufruf der Arbeitgeber nicht folgen. Er hoffte auf seine Reserven und auf ein baldiges Ende der Aussperrung.

Angesichts der sich anbahnenden Unruhen hatte er vorsichtshalber im November schon einen großen Vorrat an Steinkohle bestellt. Da war die Aussperrung zwar bereits in Kraft, aber sein üblicher Lieferant hatte die Angestellten aus dem Hafenlager trotzdem noch mit der Auslieferung beauftragt. Diese vierundzwanzig Kohlenwagen waren die letzten, die man durch die Stadt fahren sah.

In der Gießerei wurde im November und Dezember weitergearbeitet und wie jedes Jahr nur an den beiden Weihnachtstagen pausiert. Am folgenden Tag statteten zwei Herren den Büroräumen in der Gießerei einen kurzen Besuch ab. »Ihre Statuen, Bronzen und Kandelaber sind wunderschön«, sagten sie, »aber die müssen jetzt leider warten, Sie haben doch sicher Verständnis dafür, dass die Maßnahmen des Arbeitgeberverbands von Barcelona wichtiger sind.« Sie seien verwundert über die Haltung von Gironès, sagten sie, und sie hofften, er werde sich ab jetzt genauso verhalten wie alle anderen Unternehmer der Stadt. Auf jeden Fall täte er gut daran, sich freiwillig der allgemeinen Vereinbarung anzuschließen, schließlich hingen auch die künftigen Kohlelieferungen davon ab …

Danach verließen sie höflich, ohne ihm die Hand zu schütteln, die Werkstatt.

Als sie weg waren, rief Gironès seine Arbeiter zusammen und sagte ihnen, es würde weitergearbeitet. Er wollte auf jeden Fall durchhalten, solange es noch eine Schaufel Kohle im Lager gab. Von dem Tag an mussten die Arbeiter in der Gießerei mitansehen, wie der Haufen der kostbaren Steine im Schuppen am Ende des Hofes immer kleiner wurde. Es wurde nur noch einer der Öfen angezündet, das Feuer wurde jeden Abend ausgemacht und sie verschoben den Guss aller größeren Stücke auf später, um nicht zu viel Kohle zu verschwenden. Damit konnten sie durchhalten bis zum 11. Januar.

Während der Aussperrung hatte Pilar mit Verwunderung und nicht ohne einen gewissen Stolz zur Kenntnis genommen, dass ihr Mann trotz allem weiter arbeiten und seinen Lohn nach Hause bringen konnte. Joan Alzina zahlte drei Viertel seines Lohns an einen Solidaritätsfonds, da er mit Miquel ein Familienmitglied zu Hause hatte, das nicht von den Repressionen der Arbeitgeber betroffen war. Pilar zeigte sich großzügig. Sie hatte nichts zu beanstanden und war mit der Unterstützung der Schwiegereltern durch ihren Mann einverstanden.

Pilars Stiefvater Sebastià hingegen nahm Anstoß am Glück des jungen Mannes. Wie hatte dieser Miquel es bloß geschafft, einen neuen Job zu bekommen? Dahinter steckte dieser komische Vogel Gironès mit seiner Gießerei, ein Künstler, Bildhauer, der mit so zweifelhaften Gestalten wie dem Schriftsteller Santiago Russinyol und anderen aus dem Umkreis des *Quatre Gats* verkehrte. Ohne ihn wäre Miquel arbeitslos gewesen wie alle anderen. Jetzt hatte er aber nicht nur einen sicheren Job, sondern konnte von dem Gehalt, das ihm dieser Gironès zahlte, fast so gut leben wie er selbst, der seit über dreißig Jahren im *Siglo* angestellt war. Das war wirklich unerhört.

Am 20. Januar war die Aussperrung überstanden, alle Fabriken wurden wieder geöffnet, und Joan Alzina bezog wieder sein volles Gehalt. Das Leben in der Carrer de Borrell normalisierte sich. Pilar wartete auf den Tag der Entbindung und verkündete bei der kleinsten Bewegung in ihrem Bauch, es sei jetzt so weit, es müsse sofort jemand nach unten gehen, um die Hebamme Doña Dolores zu holen. Am Ende dauerte ihre Schwangerschaft aber die üblichen neun Monate, erst am 17. März kam das Kind zur Welt. Zwei Tage und drei Nächte hatte Pilar in den Wehen gelegen, als ihre Freundin Asunción vorbeikam, um nach ihr zu sehen. Deren Baby Ana war zwei Monate zuvor zur Welt gekommen, pünktlich zum Ende der Aussperrung.

Asunción kam genau im kritischen Moment: Der Muttermund war vollständig geöffnet, und man sah bereits den Kopf des Kindes, der von hellem Flaum bedeckt war. Es fehlte nur noch der letzte Stoß. Statt das Kind auf die Welt zu lassen, verkrampfte die Mutter aber und hielt das Baby in sich. Asunción zögerte nicht lange. Sie trat ans Kopfende des Bettes und versetzte der werdenden Mutter eine schallende Ohrfeige. Vor lauter Überraschung ließ Pilar endlich los und stieß das Kind auf die Welt. Es war ein Mädchen.

Am selben Nachmittag gingen Miquel und Sebastià zum Standesamt, um die Geburt des Kindes anzumelden. Sie gaben ihm den Namen Llibertat.

Schon wenige Tage nach der Geburt zogen sich am Horizont erneut dunkle Wolken über den Gewerkschaftsaktivisten zusammen. Die große Euphorie im Anschluss an den Streik im Frühling war verflogen, der Gegenangriff der Arbeitgeber nahm immer drastischere Formen an: Immer häufiger hörte man von Ermordungen. Die vom ehemaligen Polizeiinspektor Manuel Bravo Portillo aufgestellte Geheimpolizei stand dem Arbeitgeberverband zur Seite. Selten verging eine Woche ohne einen von bewaffneten Unbekannten durchgeführten Mord an einem Gewerkschafter. So kam es, dass die Reihen der Gewerkschafter sich lichteten und die Arbeiterfamilien immer mehr Opfer zu betrauern hatten.

Nach zahllosen Verbrechen dieser Art beschlossen die Gewerkschafter, nicht länger tatenlos zuzusehen; ihr erster Angriff galt dem Chef der Mördertruppe, Bravo Portillo. Eines Nachmittags fand man ihn tot in einer engen Gasse im Stadtteil Gràcia. Nun waren die Pistoleros der Arbeitgebervereinigung ihres Kopfes beraubt und gerieten in einen Zustand zunehmender Verunsicherung. Es kam zum offenen Kampf zwischen den Männern der Obersten Polizeibehörde, in Zivil oder in Uniform, und den Männern der Arbeiterorganisation, die versuchten, mit denselben Mitteln zurückzuschlagen.

Miquel gehörte zum harten Kern. Allerdings weigerte er sich, eine Waffe in die Hand zu nehmen. Er überließ es den anderen, nach außen klarzumachen, dass die Gewerkschafter sich nicht einfach abschlachten ließen wie die Karnickel. Er ging weiterhin jeden Morgen zur Arbeit, aber er sorgte auch für den Zusammenhalt der Genossen und gehörte zu denen, die bei allen geheimen Treffen dabei waren. Wenn die Organisation ihm eine Aufgabe übertrug, erfüllte er sie gewissenhaft. Anschließend ging er nach Hause zu Pilar und dem kleinen Töchterchen, das schon sein erstes Lächeln übte und den Eltern mit den Blicken folgen konnte. Wieder ein Tag überlebt. Morgen sehen wir weiter.

Jeden Tag war bei Tisch die Rede von gefallenen Genossen, mal einer, mal zwei, manchmal drei. Mitunter ging es um ganz junge Männer, die Pilar und Valeriana gekannt hatten, weil sie gelegentlich in der Carrer de Borrell gewesen waren, und die nun in einer dunklen Gasse erschossen aufgefunden wurden.

Pilar wusste ganz genau, was zu tun wäre, um diesem Alptraum zu entkommen. Eines Abends sagte sie zu ihrer Schwiegermutter Valeriana:

»Wenn Miquel sich endlich besinnen würde, könnten wir sofort nach Barbastro gehen, wir drei. Zu meiner Tante Rafaela. Da würde er genauso viel verdienen wie in der Gießerei und er hätte nichts mehr zu befürchten. Wenn er weiterhin darauf beharrt, hierzubleiben, werden sie ihn umbringen, so wie all die anderen.«

Valeriana hob den Blick und lächelte traurig.

»Natürlich sollte er hier fortgehen. Nach Barbastro oder nach Frankreich oder sonst wohin. Aber wie können wir ihm das klarmachen? Gerade weil so viele fallen, wollen die anderen hierbleiben, um den Kampf der Toten fortzusetzen.«

Valeriana kämpfte mit den Tränen. Vielleicht würde es Pilar wirklich gelingen, Miquel davon zu überzeugen, sich und seine Familie endlich in Sicherheit zu bringen. Nicht immer alles riskieren, sondern weiterleben, wenn es denn ginge. Ihr Sohn war schließlich noch so jung.

8 VERHAFTUNG

Miquel Alzina wurde zwei Mal verhaftet. Beim ersten Mal, im Jahr 1920, verbrachte er vier Monate im Gefängnis, von September bis Weihnachten. Beim zweiten Mal, im Frühjahr 1922, kehrte er nicht mehr nach Hause zurück.

Beim ersten Mal wurde er direkt vor den Toren der Gießerei Gironès festgenommen, als er gerade von der Arbeit kam. Er hatte bereits in den Tagen zuvor mit dem Schlimmsten gerechnet, ließ sich gefügig die Handschellen anlegen und von den beiden uniformierten Guardias mit ihren dreieckigen Hüten abführen.

Ein paar Schritte entfernt wartete schon der Wagen für die Gefangenen. Die Guardias rissen die Hintertür auf und bedeuteten Miquel, er möge einsteigen. Als er den Fuß auf die unterste Stufe setzte, hörte er von drinnen Stimmen:

»Alzina!«

»Miquel!«

»Miquel Alzina!«

»Ruhe! Klappe halten!«

Miquel setzte sich seitlich auf die Bank und spürte, wie eine Hand die seine suchte. Die Männer waren hilflos, gefesselt, zum Schweigen verurteilt, doch sie konnten sich auch ohne Worte verständigen.

Miquel kannte das Model-Gefängnis gut. Als er noch klein war, hatte Valeriana ihn oft dorthin mitgenommen, um den Vater zu besuchen. Die Anwesenheit seiner alten Genossen, deren Gesichter er allmählich in der Dunkelheit erkannte, gab ihm das Gefühl, die Verhaftung sei an der Zeit gewesen. Die Tatsache, dass er bis jetzt davongekommen war, hatte in ihm ein unfreiwilliges Schuldgefühl ausgelöst. Gleichmäßig trotteten die vier Pferde mit dem Zellenwagen durch die halbe Stadt, bis sie schließlich das Gefängnis La Model erreichten. Das große Tor öffnete sich, man hörte einen Riegel, der zurückgeschoben wurde, und ein heller Lichtschein drang ins Wageninnere. Die elf Gefangenen hatten keine Zeit, sich lang umzusehen und einander zuzunicken, denn sofort ertönte eine harsche Stimme, die befahl:

»Raus da. Alles aussteigen!«

Nacheinander sprangen die jüngeren Gefangenen mit den gefesselten Händen aus dem Wagen, nur ein alter Mann blieb stehen und taxierte besorgt den Abstand zum Boden. Da streckte einer der Gefängniswärter die Hand aus, um dem Alten zu helfen. Diese freundliche Geste wollte so gar nicht passen zu dem feindseligen Blick, mit dem der Wärter den Anarchisten bedachte.

Die Gruppe wurde zum Umkleideraum geführt, wo alle ihre Ausweispapiere abgeben mussten. Die meisten waren direkt von der Baustelle oder aus der Fabrik abgeholt worden, trugen noch das leere Essgeschirr, Flaschen und Messer bei sich und hatten Zeitungen, Flugblätter und Bücher in den Taschen. Zwei der Gefangenen, die aussahen wie Bourgeoise, mussten ihre Brieftaschen und die wertvollen Taschenuhren zurücklassen. Miquel erkannte einen von ihnen, Josep-Maria Foix, ein Angestellter der London Bank, der seit Kurzem die Gewerkschaft Banken und Börse leitete. Alzina hatte Foix schon mehrfach im Cafè Asiàtic im Stadtteil Poble Sec gesehen, wo sich die Gewerkschaftskomitees noch einigermaßen unbehelligt treffen konnten. Einerseits hatte der Innenminister die Schließung aller Syndikate und die vorläufige Festnahme aller Gewerkschaftsführer verlangt und zahlreiche Hinrichtungen angeordnet, um die Organisation zu schwächen. Andererseits hatte der Zivilgouverneur von Barcelona, Frederic Bas, ein kluger, liberal denkender Mensch, diese drakonischen Unterdrückungsmaßnahmen öffentlich abgelehnt. Sein Rücktritt war nur eine Frage der Zeit, aber solange er noch über sein Mandat verfügte, konnte man davon ausgehen, dass Versammlungen der Gewerkschafter in den Volkscafés, im Arbeiteratheneum oder in den Vereinslokalen der Chöre und Sportvereine weiterhin möglich waren.

In der Registratur stellte sich heraus, dass alle außer Alzina und Foix schon über Gefängnisakten verfügten. Die zwei wurden von den anderen getrennt, mussten ihre Fingerabdrücke abgeben und sich von allen Seiten fotografieren lassen.

Dann der Befehl:

»He, ihr da hinten, Ebene Zwei, Zelle 224 und 237!«

Enttäuscht schauten die beiden sich an. Nun würden sie also getrennt untergebracht und mussten jeder für sich allein in eine Zelle. Enttäuscht stand Miquel vor der Tür zur Zelle 224, während der Aufseher aufschloss. Er trat ein, blickte sich um und rief:

»Das darf doch nicht wahr sein! Du hier! Wer hätte das gedacht …«

Es war sein alter Freund Santamaría, der ihn umarmte und sagte: »Jetzt bist du also auch hier, ich kann's kaum glauben.«

Ein anderer Mann, der hinter Santamaría auf dem eisernen Bettgestell gesessen und geschrieben hatte, stand auf und ging ebenfalls auf Miquel zu. Dabei fiel ein dickes Wörterbuch lärmend zu Boden.

»Du auch, Pestaña? Seid ihr schon lange hier?«, fragte Miquel.

»Seit mehr als zwei Wochen«, antwortete Santamaría. »Wir sind jetzt so viele, dass sie uns zu zweit oder zu dritt in einer Zelle unterbringen. Wenn das so weitergeht, müssen sie demnächst noch das Büro des Gefängnisdirektors umfunktionieren.«

»Bist du auch in Untersuchungshaft?«, fragte Pestaña.

»Ich schätze ja. Sie können mir nichts Konkretes anhängen. Kein Gerichtsprozess in Sicht, soviel ich weiß.«

»Zu wievielt wart ihr im Zellenwagen?«

»Ungefähr ein Dutzend. Lauter Politische.«

»So machen sie das! Die sind völlig durchgedreht. Sie haben sich vorgenommen, uns alle zu verhaften, jedenfalls alle Anführer.

Untersuchungshaft, du weißt, was das bedeutet, das kann einen Monat dauern oder sechs. Am besten stellt man sich direkt darauf ein. Das könnte eine lange Haft werden.«

Miquel sah auf die Bücher und Papiere auf Pestañas Bett und auf das Wörterbuch. Ángel Pestaña Núñez war kein Neuling. Er war schon elfmal verhaftet worden. Obwohl er nie eine Schule besucht hatte, war er außerordentlich belesen und gut informiert. Dabei hatte er ein gutes Gespür für alle Dinge, die man wissen musste. Er hatte einen Beruf erlernt, der seinem Temperament entsprach und Geduld und Ausdauer erforderte, er war Uhrmacher geworden. Seit drei Jahren leitete er die täglich erscheinende Gewerkschaftszeitung *Solidaridad Obrera*. Die Aufgabe hatte er mit großer Sachkenntnis ausgeführt, bis die Behörden beschlossen, die Zeitung zu verbieten und ihren Direktor auf einen Erholungs- und Studienaufenthalt in das sternförmige Gebäude in der Carrer d'Entença zu schicken.

Binnen Kurzem nahm das Leben der drei Männer in Zelle 224 einen festgelegten Rhythmus an. Der schönste Moment des Tages war der Hofspaziergang von zehn bis zwölf. Sie trafen immer mehr bekannte Gesichter. Als Miquel am Morgen nach seiner Festnahme auch Josep-María Foix im Hof begegnete, umarmten sie sich wie alte Freunde, die sich lange nicht gesehen hatten.

Die Gefangenen saßen in kleinen Grüppchen in der Sonne. Manchmal gesellten sich neue, unbekannte Männer zu ihnen, Leute, von denen es hieß, sie seien erst vor Kurzem in Barcelona angekommen.

»Wir sollten diese Neulinge im Auge behalten«, sagte Foix, »rausfinden, woher sie kommen. Wenn einer von diesen angeblichen Anarchisten sich einfach so in unser Gespräch einmischen will, klingeln bei mir alle Alarmglocken. Diese Leute haben nichts gelesen! Ich spreche nicht nur von Büchern, sie müssen doch wenigstens unsere Zeitungen kennen. Die haben von nichts eine Ahnung und wissen höchstens aus ihren bourgeoisen Schriften, dass es uns gibt. Und darin werden wir nur schlechtgemacht. Das ist doch völlig übertrieben, wie sie von ihren Pistolen reden und vom großen Schlag, den sie vorbereiten, um Geld in die Kassen der Organisation zu bringen ... Ich habe einen von denen in meiner Zelle, und es ist sonnenklar, dass der ein Verräter ist, der sich bei uns einschmuggeln will.«

»Zu wievielt seid ihr in der Zelle?«

»Zu viert. Mit den anderen beiden gibt es kein Problem. Ich kannte sie schon vorher, einer aus dem Textilgewerbe und einer vom Bau. Und du? Mit wem bist du zusammen?«

»Oh, ich habe keine Probleme. Ich bin mit Angel Pestaña und Santamaría zusammen.«

Man sah Foix an, dass er neidisch war. Miquel reagierte darauf und sagte:

»Aber die beiden anderen sind doch in Ordnung, oder nicht? Könnt ihr reden?«

»Genau das regt uns so auf. Der Typ belauscht uns die ganze Zeit. Ich glaube, er will Namen und Adressen von uns erfahren. Also lesen wir und spielen Karten und halten ansonsten schön die Klappe.«

Julián Santamaría war der Älteste in Zelle 224. Er saß schon seit vier Monaten, seit dem Tag, an dem die Sozialbrigade zu ihm nach Hause gekommen war, um ihn zu holen.

»Ich hatte gerade eine Arbeit gefunden! Das war ein kurzes Glück ...«

»Du hattest eine Arbeit gefunden? Während der Aussperrungen?«

»Nicht in meinem alten Beruf«, antwortete Santamaría, »seit man mich in der Brufau entlassen hat, habe ich nie mehr eine Feile, einen Hammer oder einen Schraubenzieher in der Hand gehabt.«

Doch schon drei Monate später hatte Santamarías Frau eine Arbeit für ihren Mann gefunden, bei der er sich wenigstens ein paar Stunden am Tag nützlich machen und das Nötigste zum Leben verdienen konnte. Sie selbst stand jeden Morgen um fünf Uhr auf und verkaufte zusammen mit ihrer Tochter Elena Obst und Gemüse auf einem Marktstand in Hostafrancs, der einer reichen Schwägerin gehörte, während ihr Mann für eine Transportfirma Körbe und Kisten geschleppt und vom Zentralmarkt am Born nach Hostafrancs gefahren hatte.

Santamaría kräuselte die Stirn, wenn er darüber nachdachte, wie sich das Leben seiner Familie seit der Festnahme geändert hatte. Mit seiner Frau konnte er sich nur während der kurzen Besuchszeiten im Gesprächsraum verständigen, sie mussten sich anschreien, um den Lärm dort zu übertönen. Sie schickte ihm jede Woche einen Brief, der ihn meist sehr betrübte. Es wurde Zeit, dass sie ihn endlich rausließen, damit er seine Familie wieder auf den rechten Weg bringen konnte!

Sie waren keine schlechten Menschen, die Santamarías, im Gegenteil, sie waren mutig, aufopferungsvoll und großzügig. Seit Jahren schon legte seine Frau zweimal die Woche den weiten Weg bis zu den Räumen der *Unió Cooperatista Barcelonesa* in der Carrer d'Urgell zurück. Wenn sie dort ankam, zog sie als erstes eine Nummer und wartete geduldig, bis sie an die Reihe kam, um beim Fleischer, im Lebensmittelladen oder beim Fischhändler einzukaufen und dann mit zwei großen Körben schwer bepackt zurück nach Hause zu gehen. Die Santamarías bekamen alles, was sie brauchten, in der Kooperative, und sie waren sehr zufrieden, wenn sie beim Preisvergleich mit dem Lebensmittelladen an der Ecke feststellten, dass die Genossen der Einkaufskommission ihnen bessere und günstigere Waren anbieten konnten, die obendrein ansprechend verpackt waren. Eines Tages, es war der Vorabend zur Generalversammlung, hielt Santamarías Frau ihrem Mann eine Handvoll vertrockneter, von Maden ausgehöhlter Kichererbsen vor die Nase: Die solle er doch mal bitte bei der morgigen Versammlung dem Präsidenten, dem Sekretär und den anderen vom Leitungskomitee zeigen, schimpfte sie. Konnten die nicht besser aufpassen, diese Trottel? Wären die Frauen für den Wareneinkauf verantwortlich, hätte sich längst mal eine die Kichererbsen aus der Nähe angesehen!

Doch obwohl Santamarías Frau sich oft beschwerte, teilte sie grundsätzlich den Kooperationsgedanken und freute sich über die gemeinsam erzielten Fortschritte und darüber, dass sie am Jahresende einen Überschuss erwirtschaften konnten, der in gemeinsamer Absprache für das Kollektiv investiert wurde. Demnächst sollte ein neuer Hauptsitz mit drei Stockwerken gebaut werden, ein größerer Lagerraum musste her, und auch ein neuer Versammlungssaal. Das Modell war bereits im derzeitigen Büro zu besichtigen und stand zwischen zwei gerahmten Fotos der beiden Mutterhäuser. Ein riesiges Schild aus rosafarbenem Granit sollte stolz den Namen der Gesellschaft präsentieren.

Santamarías Frau kannte auch das Ziel der Bewegung: Es ging darum, im Kleinen das zu realisieren, was später einmal die ideale Gesellschaft werden sollte: »Einer für alle und alle für Einen«. Eine Gemeinschaft ohne Egoismen, ohne Profitgier, ohne persönliche Bereicherung. Sie hatte nie Lesen oder Schreiben gelernt. Nach ihrer Heirat hatte Santamaría viele Abende mit seiner Frau am Tisch gesessen und ihr das Alphabet beigebracht. Sobald der Unterricht begann, setzte sie die Miene der gelehrigen Schülerin auf, nahm den Bleistift zur Hand und öffnete andächtig das Schulheft. Etwas später, wenn sich erste Fehler einschlichen, schüttelte sie den Kopf und lachte: »Ich bin einfach zu alt dafür! Solche Sachen krieg ich nicht in meinen Schädel«. Nicht ohne Koketterie sagte sie, sie sei zwar zu alt, um Lesen zu lernen, aber ansonsten verfüge sie über alle nötigen Künste, um ihren Mann von seinem pädagogischen Eifer abzubringen und für ganz andere Dinge zu begeistern. Ihr Mann hielt sie über das Tagesgeschehen auf dem Laufenden, las ihr die Zeitung vor, manchmal auch Passagen aus einem Buch:

> »Anarchismus ist eine Moral der gegenseitigen Unterstützung, sofern wir unter Moral mehr als nur eine kontemplative, einsame Haltung verstehen. Der anarchistische Moralkodex beginnt mit dem Zusammenschluss der Kräfte. Wie Bakunin sagte: ›Kein Mensch, für wie mächtig er sich auch

halten mag, wird je die Kraft haben, die einstimmige Verachtung der Gesellschaft auszuhalten; keiner kann leben, ohne nicht wenigstens sich von der Zustimmung und Achtung irgendeines Teils dieser Gesellschaft gehalten zu fühlen. (…) Nichts beweist besser die natürliche und unvermeidliche Solidarität, dieses alle Menschen verbindende Geselligkeitsgesetz, als dieser Umstand, den jeder von uns täglich an sich selbst und all seinen Bekannten beobachten kann.‹ (…) ›Alle Individuen, selbst die intelligentesten, stärksten sind in jedem Augenblick ihres Lebens gleichzeitig Produzenten und Produkte des Willens und der Tätigkeit der Massen.‹ «

Jetzt aber verkaufte Santamarías Frau für ihre Schwägerin Artischocken, Tomaten und Kürbisse auf dem Markt in Hostafrancs und vergaß dabei alles, was sie über den Kollektivismus gelernt hatte; vergessen waren die Grundsätze der sozialen Gleichheit, an deren Stelle eine echte Krämerseelenmentalität trat. In den Briefen, die sie ihre Tochter Elena oder ihren Sohn Antoni für den Vater im Gefängnis schreiben ließ, standen Sätze wie diese:

»Mama hat gesagt, ich soll Dir sagen, Du sollst Dir keine Sorgen machen. Auf dem Markt läuft's gut. Zusätzlich zu den 5 Prozent, die wir auf den Kaufpreis kriegen, sind manche Kunden zu dumm, das Wechselgeld zu zählen. Letzte Woche haben wir 27 Peseten verdient. Das ist gut gelaufen, weil wir doch die 15 Peseten für die Miete zahlen mussten, und das ging vorher nicht, und wir mussten auch noch eine Hose für Antoni und ein paar Schuhe für mich kaufen, jetzt, wo der Winter kommt. Schön sind sie, die Schuhe, mit zwei gekreuzten Riemchen dran …«

So sah es aus in der Familie Santamaría, die doch eigentlich zu den Kooperativisten der ersten Stunde gehörte und von denen jeder in Hostafrancs wusste, dass sie Anarchisten waren. Auf einmal fingen sie zu feilschen an. Garantiert brachte die Mutter ihrer Tochter auch bei, wie man beim Abwiegen die Kunden betrügt, indem man unauffällig den Finger auf die Waagschale legt.

Wenn Santamaría diese Briefe erhielt, geriet er immer in einen Zustand ohnmächtiger Verzweiflung. Die beiden anderen Bewohner der Zelle 224 bemühten sich, Santamaría zu beruhigen.

»Das ist doch halb so wild, und du bist jetzt schon fast vier Monate hier, da wirst du doch bestimmt bald freigelassen. Wenn du erst wieder nach Hause kommst, wird sich alles klären. Wirst sehen ...«

Aber Santamaría ließ sich nicht beruhigen und hing weiter seinen schweren Gedanken nach:

»Was macht denn das für einen Eindruck? Die anderen werden bald dahinterkommen, dass der Verkaufsstand der Señora Santamaría nicht vertrauenswürdig ist. Da fühlen die Leute sich doch betrogen! Und dabei werden sie doch durch das Komitee unterstützt, meine Frau und meine Kinder, genau wie alle anderen. Warum reicht ihnen das nicht? Müssen sie sich zu denselben schmutzigen Geschäften hinreißen lassen wie der Krämer bei uns um die Ecke, der einem andauernd seine Kriegspeseten unterjubelt? Meine Frau könnte doch mit dem, was sie verdient, und mit der zusätzlichen Unterstützung prima zurechtkommen. Wozu brauchen sie neue Hosen und Lackschuhe? Antoni sollte gerade jetzt, wo sein Vater im Gefängnis sitzt, stolz auf seine geflickten Hosen sein. Und die Kleine? Warum kann die keine Stoffschuhe tragen? Ich hatte überhaupt keine richtigen Schuhe, bis ich zwanzig war, und bin auch nicht daran gestorben.«

Mit diesen düsteren Gedanken starrte Santamaría auf das kleine Viereck mit dem Stückchen Himmel dahinter, das anfing, sich in der Abenddämmerung rot zu färben. Mit dem Kinn wies er in diese Richtung und sagte feierlich:

»Der wahre Anarchismus ist nicht einfach eine Doktrin und eine Hoffnung für die Zukunft. Er ist auch ein Verhaltenskodex, eine Moral.«

Auch bei Miquel dauerte es nicht lange, bis erste Sorgen auftauchten, die ihn um den Schlaf brachten; so lag er nachts auf seiner Matratze und starrte Stunde um Stunde in die Dunkelheit, weil Pilar ihn noch nicht ein einziges Mal im Gefängnis besucht hatte.

Dennoch holte man ihn zweimal die Woche in den Besuchsraum. Er folgte dann dem Aufseher und schloss sich dem kleinen Grüppchen von Männern an, die das Glück hatten, für ein paar Minuten ihre Zellen verlassen zu dürfen, weil sie Besuch von draußen bekamen, begierig darauf, endlich wieder so etwas wie frischen Wind und ein paar zärtliche oder freundschaftliche Worte entgegenzunehmen. Die Zellentür ging auf:

»Pestaña, Alzina, Besuch für euch!«

Miquel sprang auf. Heute würde Pilar kommen, ganz bestimmt. Sie musste kommen. Heute würde er ihr gegenübersitzen. Sie musste endlich begriffen haben, dass der Gefängnisaufenthalt für Miquel eine Auszeichnung bedeutete, auch sie müsste sich geehrt fühlen, die Frau eines politischen Häftlings zu sein. Heute würde sie bestimmt da sein, mit dem Kind in den Armen, um es Miquel zu zeigen, auch wenn man durch die doppelte Reihe Gitterstäbe kaum etwas erkennen konnte. Sie würde ihm ein paar aufmunternde Worte sagen, an die sich Miquel die ganze Woche lang würde erinnern können. Das machten die Frauen aller anderen doch auch.

Als er in den Besuchsraum kam, suchte er hastig alles nach Pilar ab, sie musste doch mit der Kleinen gekommen sein. Aber wie stets entdeckte er nur das faltige Gesicht und das vorzeitig ergraute Haar seiner Mutter Valeriana, die mit einem gezwungenen Lächeln Miquels Enttäuschung zu begegnen versuchte.

»Ach du bist das …«

Sie gab sich alle Mühe, ihren Sohn zu trösten, die Schwiegertochter zu entschuldigen, und ihm vor allem ausführlich von dem Kind zu berichten, der kleinen Llibertat.

»Und Pilar?«, fragte er. »Warum ist Pilar nicht mitgekommen?«

»Pilar«, antwortete sie, »das musst du verstehen, sie ist so etwas hier einfach nicht gewohnt. Sie stillt ja die Kleine, weißt du? Wenn man ein Kind zu stillen hat, muss man gut auf sich aufpassen. Versuch es zu verstehen, Junge, Pilar sollte jetzt jede Aufregung vermeiden. Sie braucht Ruhe. Am Sonntag kommt dein Vater dich besuchen, falls es klappt. Wir werden sehen. Er muss wahrscheinlich eine Zeitlang aus Barcelona verschwinden, aber er meint, vielleicht ist es sogar ganz gut für dich, hier drinnen zu sein, bei all dem, was da draußen momentan passiert.«

Da der Aufseher gerade am anderen Ende des Gitters auf und ab ging, wagte Valeriana es, im Schutz des allgemeinen Gemurmels noch ein paar Bemerkungen anzubringen:

»Gouverneur Bas ist zurückgetreten und durch Anido ersetzt worden. Ja, ganz richtig, Martínez Anido! Jetzt haben sie völlig freie Hand. Diese Woche sind Alemany, Piqueres und Rius getötet worden ...«

Valeriana reagierte geschickt, als der Aufseher umkehrte und wieder zu ihnen zurückkam. Er hatte Ohren wie ein Luchs, aber Valeriana wechselte unauffällig das Thema:

»Pilar wird dir bald ein Foto von der Kleinen schicken, wir haben letzten Montag bei *Lumière* eins machen lassen. Es ist sicher gut geworden, wirst sehen, und Llibertat hatte überhaupt keine Angst vor dem Fotografen unter seinem schwarzen Tuch. Das wird mal eine ganz Mutige!«

Miquel drehte sich nach dem Aufseher um, und als er sah, dass der weit genug weg war, sagte er kaum hörbar:

»Alemany? Hast du gesagt Alemany?«

Traurig nickte die Mutter. Auf Miquel wirkte der Name wie die Nachricht vom Tod eines Bruders. Seit ihrer Kindheit waren Alemany und Miquel befreundet gewesen.

»Und Piqueres ...!«

Miquel fürchtete sich, Santamaría diese schlechte Nachricht zu überbringen. Wenn sie in diesem Käfig wenigstens eine ordentliche Zeitung lesen und Einzelheiten über die Ermordungen erfahren könnten, den wahren Ablauf der Ereignisse. Nur Pestaña erhielt über einen Gefängnismitarbeiter, dem jede zusätzliche Einnahmequelle recht war, ab und zu ein dünnes Papierchen, auf dem die aktuellen Parolen und die wichtigsten Entwicklungen standen. Der Zettel wurde sofort vernichtet, nachdem er ihn gelesen hatte, anschließend gab er den Inhalt während des Hofgangs mündlich an die Genossen weiter. Die letzte Botschaft war gerade erst eingetroffen, nachdem sie tagelang auf Nachrichten hatten warten müssen. Miquel gab seiner Mutter ein Zeichen und sagte laut:

»Frag mal bei Nora Cardona an, ob sie uns ein paar Polvorones für Pestaña schicken kann. Sie weiß schon, welche. Die Packung ist leer.«

»Ah, ja gut. Noch eine Packung Kekse.«

Miquel seufzte. Endlich sah er seine Mutter richtig an, erst jetzt registrierte er, wie müde und erschöpft sie wirkte. Er versuchte ein Lächeln:

»Und du? Geht es dir gut?«, fragte er.

Valeriana freute sich über sein Interesse und antwortete:

»Aber ja, natürlich geht es mir gut.«

Fast hätte sie wiederholt: »Vielleicht ist es ja gar nicht so schlecht, dass du hier bist«, doch da ging die Tür hinter den Häftlingen auf, ein kurzer Pfiff schrillte durch den Raum, gefolgt von dem Ruf:

»Ende der Besuchszeit!«

Für einen kurzen Moment nahmen die lautstark geführten Unterhaltungen an Geschwindigkeit und Lautstärke noch zu, dann verebbten sie. Die Männer stellten sich in einer Reihe auf. Ein letztes Winken, eine letzte Kusshand hin und her, ein aufmunternder Gruß an »die da draußen«, dann wanderten die Häftlinge zurück in ihre Zellen.

Die Männer aus der 224 mussten diesmal lange auf die nächste Nachricht warten. Stattdessen erhielt Miquel einen Brief von Pilar, den ersten nach vier Wochen im Gefängnis. Auch das versprochene Foto lag in dem Umschlag. Es zeigte die kleine Llibertat, die, nur mit einem Hemdchen bekleidet, bäuchlings auf einem Kissen lag und den Kopf auf ihre dicken Ärmchen gestützt nach oben hielt. Die kleine, sepiafarbene Fotografie bescherte ihm einige der glücklichsten Augenblicke seines Lebens. Immer wenn er sich unbeobachtet fühlte, weil seine Zellengenossen anderweitig beschäftigt waren, vertiefte er sich in den Anblick. Die Älteren machten ihre Witze über Miquel, weil der sich aufführte wie der typische stolze Vater. Santamaría zog ihn auf:

»Na? Ganz schön verknallt in die Kleine, was?«

Dann schaute Miquel verträumt hoch und antwortete:

»Sie ist aber auch wirklich süß, findest du nicht?«

Worauf die Männer in schallendes Gelächter ausbrachen. Pilars Brief jedoch war nicht zum Lachen:

»Mein lieber Mann«, schrieb Pilar. »Ich hoffe, es geht dir gut, uns geht es Gott sei Dank gut. Wie Du siehst, hat unsere kleine Montserrat große Fortschritte gemacht. Uns fehlt es an nichts, Deine Eltern unterstützen uns großzügig, aber ich muss Dir sagen, dass ich sehr besorgt bin. Mama und ihr Mann sagen, Du solltest Dir lieber einen guten Anwalt suchen, aber nicht einen von denen, die sich um die Fälle Deiner Freunde kümmern, sondern einen normalen. Meine Eltern würden auch das Honorar dafür zahlen, aber nur dann, wenn Du wirklich entschlossen bist, neue Wege einzuschlagen, wenn Du versprichst, dass Du in Zukunft nichts mehr mit diesen Leuten zu tun haben wirst, die Dich, die Kleine und mich in diese schlimme Lage gebracht haben. Vielleicht ist diese Strafe Gottes der Beginn einer wahren Reue, sodass wir bald ein würdiges, glückliches Leben führen können. Ich habe nicht vergessen, dass wir zusammengehören, in guten wie in schlechten Zeiten. Du kannst Dir meiner Treue und meiner Liebe immer gewiss sein. Deine Dich liebende Frau Pilar.«

Miquel las den Brief zweimal durch und steckte ihn dann, um Haltung ringend, in seine Hosentasche. Was sollte dieser Aufruf zur Umkehr? Was sollte dieser Name, Montserrat? Sie hatten nie in Erwägung gezogen, ihre Tochter Montserrat zu nennen. Was sollten die Anspielungen auf die schlechte Gesellschaft und eine würdigere Zukunft? Wollte Pilar damit sagen, dass sie das Leben, das sie bisher geführt hatten, für unwürdig hielt? Jeder einzelne Satz war eine Beleidigung und ein Angriff. Miquel war entsetzt. Wie konnte Pilar ihren Mann so gründlich verkennen?

Schließlich hielt er es nicht mehr aus und zeigte Santamaría den Brief. Doch Santamaría fing einfach an zu lachen:

»Das klingt, als würde sie kein Wort von dem glauben, was sie da schreibt. Das ist mehr als merkwürdig. Nimm nicht alles für bare Münze, was da steht.«

»Wirklich, das ist unmöglich, ich finde das komisch«, beharrte Santamaría. »Du hast sie doch in der Brufau kennengelernt, deine Pilar, oder nicht? Sie gehört doch zur Arbeiterklasse. Das hier wirkt wie eine Karikatur der Sprache der Bourgeoisie.«

Von dem Tag an redeten Miquel und Santamaría öfter über ihre Frauen und versuchten, die jeweils andere zu verstehen. Miquel fand die kleinen Machenschaften und Betrügereien der Gemüsehändlerin auf dem Markt von Hostafrancs nicht so schlimm. Sie war einfach eine tapfere Frau mit Unternehmergeist, die versuchte, über die Runden zu kommen. Santamaría dagegen war überzeugt, dass Pilars Brief nur ein etwas naiv abgefasster Versuch war, die Zensoren von der Gefängnisleitung gegenüber Miquel gnädig zu stimmen. Die Namensänderung der kleinen Llibertat in dem Brief schien lediglich eine Strategie zu sein, die er als harmlos und allenfalls lächerlich einstufte. Wie gern hätte Miquel ihm geglaubt.

9 ZELLE 224

So vergingen die Tage. Morgens vor dem Frühstück erledigten die Männer ihre kleinen Arbeiten in der Zelle, sie fegten den Boden, wuschen ihre Socken oder putzten Schuhe. Mit besonderer Ungeduld warteten sie auf den Augenblick der Postausgabe, auf den Hofspaziergang und am Nachmittag auf einen möglichen Besuch. Gegen Mittag wurde der Essenswagen durch die Gänge geschoben, es gab meist eine wässrige Suppe, manchmal ein zähes Stück Fleisch mit trockenem Gemüse, ein paar Nudeln oder Kohlblättern. Nachmittags kehrte Stille ein. Die Männer lasen oder schrieben, bis zum Abendessen wollten alle das spärliche Tageslicht nutzen. Wenn das Licht ausging, unterhielten sie sich noch ein Weilchen, tauschten sich aus über das, was sie gelesen hatten, oder besprachen die Ereignisse, die das Land umtrieb. Manchmal erzählten sie Geschichten von früher.

»Dies hier ist wahrscheinlich der einzige Ort in ganz Spanien, an dem man heutzutage ohne Furcht alles sagen kann, was man will«, stellte Santamaría fest, der jede Menge Geschichten von seinen früheren Verhaftungen auf Lager hatte; die längste Strafe hatte er zwanzig Jahre zuvor in Cartagena abgesessen.

»Drei Monate war ich ganz allein in einem Kellerverlies eingesperrt. Ich habe in der ganzen Zeit keine Menschenseele zu Gesicht bekommen. Wenn man mir die Schüssel Suppe und das Wasser brachte, sah ich immer nur eine Hand, die die Sachen auf dem Sims neben der Tür abstellte. Am Ende war ich halbblind und sah aus wie der Graf von Monte Christo.«

Endlich kam eine neue, lang erwartete Nachricht: ein kleiner, zusammengerollter Zettel, der Pestaña heimlich von einem Häftling zugesteckt worden war, einem gewöhnlichen Kriminellen aus der Krankenstation. Dem früheren Boten, einem Gefängnismitarbeiter, war die Sache offenbar zu brenzlig geworden. Pestaña war sehr besorgt über diesen Wechsel und überprüfte den Zettel genau. Er war erst beruhigt, als er feststellte, dass es sich um dasselbe Papier handelte wie immer, mit dem richtigen Codewort in der oberen rechten Ecke und denselben Buchstabentypen der alten Underwood-Schreibmaschine, mit dem abgenutzten P-Strich und dem stellenweise leicht verrutschten Zeilenabstand. Ja, der Brief kam von seinen Vertrauensleuten, die sich über ihn, Pestaña, an all die anderen im Modelo inhaftierten Genossen wandten.

Die Nachricht selbst war höchst beunruhigend: Der Zivilgouverneur Frederic Bas war durch den Militärgouverneur und vormaligen Innenminister Martínez Anido abgelöst worden. Damit hatte dieser freie Hand zur Umsetzung all seiner Pläne. In den Reihen der Arbeiter und Liberalen war es bereits zu zahlreichen Ermordungen gekommen. Die Namen, darunter auch die von Valeriana genannten Alemany, Piqueres und Rius, standen alle auf dem Zettel. Einer der bekanntesten war der republikanische Abgeordnete Francesc Layret, ein Anwalt, der die Arbeiterklasse verteidigt hatte. Man hatte ihn am 30. November beim Verlassen seines Hauses in der Carrer de Balmes erschossen.

Diese Morde, Deportationen und Massenverhaftungen auf Anordnung des Gouverneurs waren keine Einzelfälle. Die Regierung unternahm nicht einmal den Versuch, ihre blutige Repression zu verschleiern. Was nun? Sollte man es ihnen mit gleicher Münze heimzahlen? Wie reagieren auf diese Ermordungen, die nun, nach dem Tod Bravo Portillos, von regulären Polizeikräften in unmittelbarer Nähe der Fabriktore, aber auch auf einsamen Landstraßen, über die man die Häftlinge zu Fuß von einem Gefängnis ins nächste schickte, ausgeführt wurden? Oder auf den Polizeirevieren selbst, wo die Aktivisten hingebracht wurden, nachdem man sie unter dem Vorwand eines einfachen Verhörs von zu Hause abgeholt hatte?

Sämtliche Gewerkschaftsorganisationen waren aufgefordert, intern über mögliche Strategien und Vorgehensweisen nachzudenken, und so wurde unter Einhaltung aller nötigen Vorsichtsmaßnahmen in allen Verbänden die Meinung der einzelnen Mitglieder eingeholt. Auch die Genossen, die in den Gefängnissen saßen, wurden in die Befragung einbezogen. Allerdings durften nur solche Genossen eingeweiht werden, die mindestens drei weiteren Genossen bekannt waren, und nur sie waren berechtigt, ihre Stimme abzugeben. Die Einzelkämpfer, jene, die gerade erst aus dem Gefängnis Badajoz gekommen waren oder die erst seit wenigen Monaten aktiv waren und bisher noch niemanden kannten außer Salvador Seguí, Joan Peiró und Ángel Pestaña, blieben außen vor.

Die Debatte kreiste um die Frage, welchen Nutzen die Bildung von Verteidigungsgruppen haben könnte, die, mit Waffen ausgerüstet und unter Aufsicht der Organisation, einen Gegenschlag durchführen sollten. Man wollte auf keinen Fall dieselben Anfängerfehler machen wie die Terroristen, die seinerzeit Bombenanschläge auf Luxusrestaurants oder auf von Bourgeoisen besuchte Theatervorstellungen verübt hatten. Hier ging es um eine reine Verteidigungsmaßnahme, die aber möglicherweise überlebenswichtig für die Organisation sein könnte. Man müsste Kampfgruppen bilden und sie für Gegenschläge an möglichst strategischen Orten einsetzen. Die Pistoleros von Martínez Anido würden sich ihre Sache zweimal überlegen, wenn sie mit solchen Konsequenzen zu rechnen hätten!

Bis spät in die Nacht hatten sie in Zelle 224 diskutiert, um endlich zu einer Übereinkunft zu kommen. Unter Vorbehalt verständigten sich die drei Männer, dass es angesichts der Ermordungen und systematischen Exekutionen jetzt an der Zeit für gezielte Gegenangriffe sei.

Die Gefahr, in der sie schwebten, die Ungewissheit jener Stunden, die für sie alle die letzten sein konnten, all das machte sie anfällig für Beschwörungsformeln. Miquel hatte einen übertrieben enthusiastischen Tonfall angestimmt:

»Die Leute da draußen sind zu allem bereit! Die würden sofort zur Waffe greifen und bereitwillig ihr Leben für unsere Sache aufs Spiel setzen ...«

Pestaña entgegnete ihm:

»Auch ich bin für einen Gegenschlag. Aber es ist einfach falsch zu glauben, dass alle, die scheinbar zu uns gehören, gut sind und dass alle, die auf der anderen Seite stehen, schlecht sind. Du hast doch Jack London gelesen. Erinnerst du dich an die riesigen Eisberge im Arktischen Ozean? So ist es auch mit der Wahrheit: Du siehst nur einen Teil, musst aber immer berücksichtigen, dass sich der weitaus größere Teil unter der Oberfläche verbirgt. Wenn du das nicht tust, läufst du Gefahr, am Eisberg zu zerschellen. Genauso verhält es sich auch mit den Menschen. Wir kennen sie nie ganz. All die tapferen Jungs, die bereit sind, ihre Arbeit aufzugeben, Stadt und Familie zu verlassen, um ein Leben unter größten Gefahren zu führen, – ihr könnt davon ausgehen, dass neun von zehn einfach nur fasziniert sind vom Abenteuerleben; gefesselt vom Gefühl der Macht, das sich in ihnen breit macht, wenn sie sehen, wie leicht man einen Menschen töten kann. Wie leicht kann daraus Hochmut erwachsen! Wie rasch vergessen die Jungs die Sache, um die es uns geht! Es graut ihnen davor, eines Tages wieder ganz banal acht Stunden an der Maschine oder hinter ihrer Werkbank stehen zu müssen und sich für einen Wochenlohn von fünfzehn oder zwanzig Peseten abzurackern. Sie haben bei uns gelernt, wie man in weniger als fünf Minuten mit einem Colt, einer 6,35 Millimeter Star oder einer 7,65 FN einen Mann am Trambahnschalter oder einen Postbeamten überfallen und sich die Taschen füllen kann. Einer steckt den anderen an, und man muss schon ein Heiliger oder verkappter Märtyrer sein, um diesen Versuchungen zu widerstehen. Und, mal ehrlich, wer denkt noch an die heilige Sache und fühlt sich als Märtyrer, wenn er eine Pistole in der Hand hält?

Ich kann dir sagen, ich selbst trage keine Spur von einem Killer oder Pistolero in mir, und doch würde ich da draußen auf der Stelle einen Auftrag im Dienst der Direkten Aktion ausführen. Sie wollen uns auslöschen, uns alle, da ist es nur normal, sich zu verteidigen und Vergeltung für die getöteten Genossen zu üben. Unsere Aufgabe ist es aber auch, den Bourgeoisen klarzumachen, dass sie eine andere Sprache sprechen müssen als die der Gewalt. Wir dürfen ihnen nicht auf den Leim gehen, denn wir wollen anders sein als sie, diese hochnäsigen, blutrünstigen Militärs.«

»Hör zu«, wandte sich nun Santamaría an Miquel, »denk an deine Worte, als du vor sechs Wochen zu uns gestoßen bist. Du hast damals gesagt: Wir sind mehr als zweihundert Aktivisten, erfahrene Leute, lauter alte Hasen, und jetzt sitzen wir alle hier in diesem Gefängnis. Es gibt noch so viele andere außer uns dreien. Die Genossen auf dem Montjuic und die in der Giralda am Hafen, die zur Deportation bereitsteht. Wir hier haben die meiste Erfahrung, wir fühlen uns verantwortlich. Aber wir sind auf uns allein gestellt. Es gibt die Organisation da draußen zwar noch, doch auch der gesündeste Körper erlahmt, wenn man ihn ausbluten lässt ...«

»Ganz genau«, stimmte Pestaña zu. »Die Besten sitzen im Gefängnis. Oder sind tot. Oder geflohen. Und die Genossen von der Direkten Aktion, die uns im Ausland vertreten und von dort aus Entscheidungen in unser aller Namen treffen sollen, auch die laufen Gefahr, im Untergrund nur für sich selbst zu handeln, wenn sie sich nicht mehr mit den repräsentativen Organen der Organisation abstimmen müssen.«

Miquel unterbrach die beiden:

»Aber Pestaña! Willst du etwa unsere Genossen von der Direkten Aktion mit den Opportunisten der parlamentarischen Parteien vergleichen, die, sobald sie einen Abgeordneten- oder gar Ministerposten ergattert haben, vergessen, woher sie kommen? Die sich die Taschen vollstopfen und nur noch die Art Politik machen, die ihnen die Bourgeoisen vorschreiben? Was sollte uns veranlassen, so misstrauisch zu sein?«

Santamaría antwortete, noch ehe Pestaña etwas sagen konnte:

»Ja, du tust gut daran, uns die korrupten Politiker in Erinnerung zu bringen. Natürlich ist es abwegig, unsere Genossen mit solchen Gestalten wie dem Sozialisten Noske zu vergleichen, der voriges Jahr in Deutschland nicht davor zurückgeschreckt ist, die Spartakistenführer umbringen zu lassen. Sagen wir es so: Das sind piekfeine Verbrecher, vornehme Handlanger der Bourgeoisie, der Industrie und der Finanzwelt. Unsere fehlgeleiteten Genossen hingegen sind eher ganz gemeine Verbrecher.«

»Welche fehlgeleiteten Genossen meinst du? Kennst du welche? Kannst du Namen nennen?«, rief Miquel.

Santamaría zog die Stirn in Falten, stand ächzend auf und brummelte:

»Ich geh pissen.«

Pestaña blickte zu Miquel und sagte ganz ruhig:

»Ich kenne welche«.

Santamaría drehte sich abrupt vom Abort in der Ecke um, knöpfte sich die Hose wieder zu und hörte hin.

»Lange Zeit«, setzte Pestaña fort, »dachte ich, man spiele seinen Feinden in die Hände, wenn man offen über die Untaten derer spricht, die an unserer Seite gekämpft haben. Wisst ihr, manchmal denke ich, genau da liegt die Achillesferse jeder Institution: die Kontrolle, die Kontrolle durch das Kollektiv. In einer hierarchischen Gesellschaft mit stark zentralistischen Strukturen, wie zum Beispiel der Kirche, oder in feudalistischen, bürgerlichen Gesellschaften, ist es kein Wunder, wenn sie schon nach kurzer Zeit in Despotismus ausarten. Während meiner Reise nach Russland im vorigen Jahr, zum Kongress der Profintern, habe ich nicht viel zu sehen bekommen; aber das, was ich dort sah, hat mir große Angst gemacht, denn ich befürchte, die russischen Kommunisten werden mit ihrem autoritären System schon bald denselben Weg einschlagen. Ein Volksführer ohne Kontrolle durch das Kollektiv wird es früher oder später darauf anlegen, seinen

Willen und Größenwahn um jeden Preis durchzusetzen. Unsere Organisation dagegen ist anders strukturiert. Keiner von uns hat das Recht, zu tun, worauf er Lust hat, ohne sich kontinuierlich mit den anderen darüber abzustimmen. Der einzige Rest dieser individualistisch geprägten Mentalität jedoch ist der bewaffnete, terroristische Untergrundkampf, der zwangsläufig auf sich selbst gestellt sein muss. Ja, ich habe Leute kennengelernt, die sich für Halbgötter hielten und übel geendet sind.«

Miquel schnellte von seinem Hocker hoch:

»Gut, es gibt solche Leute, das müssen wir zugeben«, sagte er, »auch wenn es schwerfällt, wir müssen es zugeben. Aber wenn zwei oder drei von unseren Leuten, vielleicht noch mehr, auf eigene Faust handeln und sich in dunkle Machenschaften hineinziehen lassen, dann beweist das gar nichts.«

»Passt auf«, sagte Pestaña. »Erinnert ihr euch an das Attentat auf das Königspaar vor zwanzig oder dreißig Jahren? Dieser Angriff richtete sich gegen die Feinde unserer Freiheit, gegen die alten Unterdrücker unseres Volkes, doch all das hat rein gar nichts bewirkt. Wenn wir jetzt versuchen, an diese Methoden anzuknüpfen und die Herrscher umbringen zu wollen, begeben wir uns in denselben Teufelskreis. Im gesellschaftlichen Kampf gegen den Staat und die Bourgeoisie bin ich aus Prinzip und grundsätzlich gegen jede Art von Attentaten.«

»Nun«, entgegnete Santamaría, »man müsste die Leute irgendwie kontrollieren, doch genau da liegt das Problem: Wer soll diese Kontrolle ausüben, wenn wir alle hier drin sitzen?«

Miquel stand noch immer da, mit dem Rücken zur Wand. Düstere Aussichten. In diesem ungleichen Kampf hatte man kaum Gelegenheit zurückzuschlagen. Und selbst wenn, musste man immer befürchten, sich auf das Niveau des Gegners herabzulassen, indem man selbst mit Gewalt reagierte. Miquel sah sich in der Zelle um, auf der Suche nach einem Ort, um seine Mutlosigkeit zu verbergen. Freude kann man teilen, aber wahre Traurigkeit ist einsam. Allein sein und schweigen. Nichts sagen müssen, nicht mehr zuhören müssen. Bald würde es Nacht in der Zelle. In dieser Zelle, mit den beiden Freunden an seiner Seite, die schliefen oder so taten als ob. Der viereckige Lichtfleck, den das Fenstergitter auf die dreckverschmierte Wand über seinem Lager warf.

Pilar, oh Pilar. Wohin waren die alten Zeiten, als sie noch an seiner Seite stand. Das Kind, so sehnsüchtig erwartet, soviel Liebe, und über allem die Hoffnung, es möge eines Tages in einer gerechteren, menschlicheren Welt aufwachsen. Und Alemany ... Alemany, sein Freund aus Jugendtagen, starr, verstummt, eine blutüberströmte Leiche, verscharrt in einem rohen Piniensarg auf einem unbekannten Friedhof. Statt sich auszuziehen und sich hinzulegen, holte Miquel den Hocker, stellte ihn vors Fenster, stieg hinauf und drückte sein Gesicht an die Scheibe vor den Gitterstäben. »Es wird gleich regnen«, sagte er.

Im Halbdunkel sah Santamaría nur den schemenhaften Umriss seines niedergeschlagenen Freundes. »Versuch zu schlafen, Junge. Wirst sehen, wir kommen hier bald wieder raus. Da hab ich schon ganz andere Sachen mitgemacht.« Dann schwiegen die drei, jeder auf seiner Matratze, jeder weit davon entfernt, Schlaf zu finden. Unaufhörlich kreisten die Erinnerungen an ihre unschuldig ermordeten Genossen durch den Raum, Erinnerungen an die Männer, die vor den Fabriktoren, an ihren Arbeitsstätten unter fadenscheinigen Vorwänden verhaftet und auf die Schlachtbank geführt worden waren.

Da vernahmen sie auf einmal hinter der Gefängnismauer den durchdringenden, blechernen Ton eines Leierkastens. Es erklang ein Lied, dessen patriotischen Text die drei Insassen der Zelle 224 nur zu gut kannten:

Allá por tierras de Cuba-a-a
Allá por tierras lejanas.
Un soldadito españo-o-ol
De esta manera cantaba:

Banderita tu eres roja,
Banderita tu eres gualda ...

Drüben in Kuba-a-a
Drüben im fernen Land
Sang ein kleiner spanischer Solda-a-t
Diese kleine Weise:
Fahne, so rot,
Fahne, so golden ...

Santamaría drehte sich auf seiner Matratze herum und schimpfte:

»Das hat uns heute Abend gerade noch gefehlt!«

Beim nächsten Stück, einer Havanera, die gerade in Mode war, kam ebensowenig Begeisterung auf wie beim ersten, und dennoch vermochte die Melodie es, Miquel aus seiner Trübsal zu reißen: »Kann der nicht weggehen, dieser Dummkopf mit seinem albernen Geplärre? Ist dem nicht klar, dass wir hier in dieser Scheißbaracke verrotten?«

Draußen prasselte jetzt heftig der Regen, es kam ein Wind auf, und es schien, als würde gleich ein Unwetter losgehen. Die Drehorgel brach mitten in der Strophe ab. Das Zellenfenster sprang sperrangelweit auf, und der Regen drang fast waagerecht durch die Gitterstäbe in die Zelle, sodass die eine Seite von Miquels Matratze augenblicklich durchnässt war.

»Gib mal eine Schnur, ich will dieses verfluchte Fenster zubinden!«

Zehn Uhr. Der Regen übertönte fast den Glockenschlag, der von der nahegelegenen Kirche zu ihnen drang. Zehn Schläge, sie kamen und gingen, vom Wind getragen. Der Wächter auf dem Turm rief planmäßig sein »Aaaach-tuuuung!«, doch sie hörten nur abgehackte Fetzen in ihrer Zelle.

»Bestimmt scheißt sich der Kerl da draußen die Hosen voll, ganz allein, bei Blitz und Donner«, stellte Pestaña fest.

»Sicher säße der lieber hier drinnen bei uns«, setzte Santamaría lachend hinzu. Es half ihnen, sich die Angst des Uniformierten draußen vorzustellen, weil sie dadurch ihre eigene Angst vergaßen.

Da öffnete sich die Tür zur Zelle 224. Hinter dem normalen Zellenwärter tauchte eine Kappe mit drei Winkeln auf, die einem Gefängnisoffizier gehörte und ein außergewöhnliches Ereignis ankündigte:

»Julián Santamaría. Pack deine Sachen.«

»Meine Sachen packen? Wieso das?«

»Du kommst raus. Befehl des Direktors.«

Santamaría drehte sich zu seinen beiden Gefährten um, dann schaute er wieder zu der offenen Zellentür:

»Aber … jetzt?«

»Kapierst du nicht? Du kannst gehen. In fünf Minuten hast du deine Sachen gepackt und gehst mit mir ins Zentralbüro.«

Santamaría nahm nichts mit außer seinen Familienbildern. Alles andere überließ er seinen Genossen: Essen, Bücher, Kleidung, seine Decke. Er genierte sich gegenüber den Zellengenossen, das unverhoffte Glück stand auf einmal zwischen ihnen. Santamaría umarmte die beiden herzlich und versprach, er werde sie am kommenden Sonntag im Besucherraum wiedersehen.

Er konnte sein Versprechen nicht einlösen.

Allein in Barcelona saßen zu der Zeit über 400 Aktivisten im Gefängnis, darunter vor allem jene, die sich besonders stark engagiert hatten; sie alle waren nach ihrer Freilassung in Lebensgefahr. Deshalb hatte die Organisation die Devise ausgegeben, man solle sich weigern, wenn es hieße, sie sollten das Gefängnis nach Einbruch der Dunkelheit verlassen. Wenn man sie trotzdem dazu zwingen würde, sollten sie sofort in das Café Modelo an der Ecke Entença-Rossellò gehen. Dessen Betreiber waren Sympathisanten der Organisation und hatten sich bereit erklärt, die Familien der freigelassenen Genossen zu benachrichtigen. Die würden sie dann abholen kommen, vorzugsweise mit Frauen und Kindern. Das war die Anweisung.

Solche Vorsichtsmaßnahmen waren in keiner Weise übertrieben. Sie zielten darauf ab zu verhindern, dass die freigelassenen Genossen unter dem Vorwand des spanischen Fluchtgesetzes, der *Ley de Fugas*, sofort getötet würden.

Am Abend jenes 4. Dezember gab es sechs Genossen zu beklagen. Sie waren, kurz nachdem sie das Gefängnis Model verlassen hatten, der Guardia Civil in die Falle gegangen und erschossen worden. Ihre Namen:

Francesc JORDAN
Fèlix LOZANO
Josep MONCLÚS
Evarist VILAPLANA
Bautista ROCA
Julián SANTAMARÍA

10 DIE TRAGISCHE WOCHE

»General Martínez Anido wird deinem Mann schon zeigen, wo es langgeht! Du musst Miquel schmoren lassen. Geh ihn auf keinen Fall besuchen, hörst du? Du darfst dich nicht unters Volk mischen, das da vorm Gefängnis rumlungert. Dein Mann bekommt, was er verdient. Wenn er krank wäre oder verwundet im Krankenhaus läge, sähe die Sache anders aus. Aber so wird er hoffentlich merken, was er angerichtet hat, dein Miquel«, sagte Sebastià zu seiner Stieftochter Pilar.

»Wenn er bis Ende des Jahres nicht rauskommt«, fügte ihre Mutter hinzu, »solltest du eine Zeitlang nach Barbastro gehen. Tante Rafaela hat dich zu ihrem achtzigsten Geburtstag eingeladen, am 28. Dezember feiert sie ein großes Fest. Da scheut sie bestimmt keine Kosten, wirst sehen. Am besten fährst du mit der Kleinen, Tante Rafaela wird entzückt von ihr sein. Dann kannst du ihr ja erzählen, was passiert ist, aber sag ihr bloß nicht alles. Wir werden uns gut überlegen, was du lieber für dich behältst. Sobald Miquel aus dem Gefängnis kommt, wird bestimmt alles besser. Allerdings solltest du es so einrichten, dass möglichst bald das zweite kommt. Die Kleine ist jetzt groß genug. Und wenn ein Junge kommt, wird Miquel vor lauter Stolz schnell den Unsinn mit seinen Genossen und der Gewerkschaft vergessen. Und du solltest möglichst bald mit der Kleinen in die Kirche von Sant Antoni Abat gehen, um sie salben zu lassen. Mit der richtigen Taufe kannst du dir Zeit lassen, bis ihr in Barbastro seid. Dann geben wir dem Mädchen offiziell den Namen Montserrat Rafaela. Kein Wort über die Gewerkschaft, kein Wort über Miquels Familie und kein Wort über die Zeitung, für die der alte Alzina arbeitet. Wenn jemand fragt, sagen wir, Miquel sei bei einem Treffen gewesen, bei dem alle miteinander verhaftet wurden. Verstehst du? Momentan sind so viele Leute im Gefängnis, das werden die sogar in Barbastro mitbekommen haben. Und dann wartest du dort einfach ab, bis Miquel entlassen wird. Das kann gut und gerne drei Monate oder ein halbes Jahr dauern.«

Mit der Salbung war Sebastià nicht einverstanden. Zwar hatte er mit der Politik nichts am Hut und hätte nie im Leben mit Miquel und den Anarchisten gemeinsame Sache gemacht. Aber diese Art Frömmigkeit ging ihm dann doch zu weit.

»Das ist doch vollkommen überflüssig«, befand er. Natürlich brauche man ab und zu einen Priester, für Taufen, Kommunionfeiern, Hochzeiten, Beerdigungen. »Ein paar Rituale braucht der Mensch, wenn er nicht wie ein Tier leben will.« Aber die Einmischung der Kirche in alle Lebensbereiche fand Sebastià überzogen. Man musste kein Anarchist wie die Alzinas sein, um zu merken, welche Blüten das im ganzen Land trieb.

Sebastià stand seit Langem in Verbindung mit den »Jungen Barbaren« von der Radikalen Partei und war sich seiner Verpflichtungen als Antiklerikaler bewusst.

Er dachte zurück an die Escola Pia und die Ereignisse im Juli 1909. Sebastià war damals jung und unerfahren gewesen. Ohne nachzudenken hatte er sich den Freunden angeschlossen, die sich einen Spaß daraus machten, religiöse Stätten in Brand zu setzen. Er hatte gelacht über die ulkigen Kerle, die in Priestergewändern herumliefen und Nonnen und Mönche aus ihren Klöstern verjagten, die sich Hals über Kopf in Sicherheit bringen mussten.

Elf Jahre später konnte Sebastià nicht mehr recht unterscheiden, was er selbst erlebt hatte, und was er von anderen wusste, aus Zeitungsberichten, Fotos und Zeugenaussagen über die sogenannte »Tragische Woche«.

Noch immer gut erinnerte er sich an die Umsturzversuche und die aufwieglerischen Reden, mit denen damals die Brüder Rafael und Josep Ulled das Volk für sich eingenommen hatten. Die beiden jungen

Anwälte hatten die Führung der »Jungen Radikalen« übernommen und entfachten an der Ronda de Sant Pau, in der Parallel, im Poble Sec und vor den Türen der prächtigsten Kirchen den Aufruhr. Sie rüttelten an den kirchlichen Institutionen, deren Macht bis dahin allumfassend und unantastbar gewesen war. Sebastià erinnerte sich an den Tag, an dem der jüngere Bruder Josep Ulled mit zwei Benzinkanistern vor der Escola Pia de Sant Antoni gestanden und seine Mitstreiter in der Technik des Brandstiftens unterwiesen hatte. Viel zu spät traf das Kommando der Guardia Civil ein, es kam zu einem Schusswechsel, bei dem zwei oder drei Aufständische erschossen wurden, während alle anderen, einschließlich der Brüder Ulled, auseinanderstoben wie ein Schwalbenschwarm. Die Guardias zogen ab und machten sich auf den Weg zum nächsten Schauplatz, um dort für Ordnung zu sorgen. An dem Abend wurden Angriffe auf über achtzig Kirchen, Klöster und andere religiöse Gebäude der Stadt verübt, die sämtlich abgefackelt, geplündert und entweiht wurden. Die Guardias hatten alle Hände voll zu tun. Wenn sie von einem Tatort abrückten, kehrten sofort die Kämpfer der Barbarentruppe zurück, die meisten von ihnen junge Burschen zwischen vierzehn und achtzehn Jahren, und setzten ihr Zerstörungswerk fort.

Am Eingang zur Klosterschule an der Ronda de Sant Pau ging es besonders hoch her: Die Aufwiegler rissen ein Straßenbahnhäuschen aus der Verankerung und lehnten es gegen die Kirchenmauer, um durch die Fenster im ersten Stock ins Gebäude zu gelangen. Andere schleppten lange Leitern herbei, über die sie hochkletterten und in die Schule eindrangen, die kurz darauf in Flammen aufging. Die jungen Männer rannten durch alle Flure und Räume, Schlafsäle, Küchen und Speisekammern und warfen Gegenstände aus den Fenstern, um damit ein riesiges Feuer zu entfachen: Tische, Stühle, religiöse Gegenstände, wertvolle Gemälde, Messgewänder, Betten, Decken und Laken, Teppiche, Altarschmuck, Bücher, Schatullen – alles flog durch die Fenster auf den Bürgersteig und in den Hof, wo eine riesige Menschenmenge jeden Gegenstand grölend und jubelnd entgegennahm und in die Flammen warf.

Als einer der Angreifer ein Jagdgewehr in einer Ecke stehen sah, hielt er es, am Fenster stehend, hoch und rief laut:

»Seht ihr das? Die sind bis an die Zähne bewaffnet!«

Ein Schrei der Empörung ging durch die auf der Straße versammelte Menge. Eine andere Gruppe fand in einer Kiste eine Reihe Stempel und Matrizen zur Herstellung von Medaillen und Banknoten für den Gebrauch in Wirtschaftskunde:

»Schaut her! Hier wird sogar Geld gefälscht!« schrien sie empört.

»Vorwärts! Viva la República! Viva la Revolución!«, riefen die Leute unten auf der Straße. Im Gebäude versuchten die Plünderer, sich vor den herabfallenden Trümmern in Sicherheit zu bringen. Sie liefen hin und her, um ihr Zerstörungswerk fortzusetzen, ohne selbst von den Flammen erfasst zu werden. Mitten in der Nacht stürzte laut krachend das Dachgeschoss ein.

Zuvor fanden sie noch riesige Vorräte in den Speisekammern und Lagerräumen. Die Randalierer beschlossen, die Lebensmittel nicht ins Feuer zu werfen, sondern sie unter den Schaulustigen zu verteilen. Und so kamen die zahlreich Versammelten, die eigentlich nur das Spektakel bewundern wollten, in den Genuss von Schinkenstücken, Würsten und Marmeladengläsern. Die Nachricht sprach sich in Windeseile herum, und schon bald kamen alle Frauen aus den umliegenden Häusern mit Behältern, um sich Öl, Bohnen, Linsen und Kichererbsen abzuholen, welche die Plünderer, ohne ihr Werk zu unterbrechen, auf dem Bürgersteig verteilten. Als es hell wurde, bemerkte jemand an der einen Seite des Gebäudes, das noch intakt war, eine Reihe Käfige mit Kanarienvögeln an einem Fenster. Sofort meldeten sich ein paar Freiwillige, die bereit waren, ihr Leben zu riskieren und die Vögel unter allgemeinem Beifall zu befreien. Auf ihrem Weg nach unten setzten sie noch die Bibliothek, das Labor und alle Klosterzellen in Brand, die bis dahin verschont geblieben waren.

Sebastià hatte vor allem den heldenhaften Einsatz eines Einzelkämpfers in der Carrer del Carme beobachtet. Der Mann hatte einen Teil der Straße aufgerissen und sich aus Pflastersteinen eine Barrikade gebaut, um dann mit seiner Schrotflinte auf jeden Uniformierten zu schießen, der sich auf der Rambla blicken ließ. Sechzehn Stunden kämpfte er ganz allein, wie ein Löwe. Die Nachbarn trauten sich kaum aus ihren Häusern und versuchten mehrfach, ihn von seinem Vorhaben abzubringen:

»Hau lieber ab, Mann! Die werden dich noch abknallen!«

Aber er rief ungerührt zurück:

»Na wenn schon. Sollen sie doch kommen, wenn sie sich trauen! Ich lasse hier keinen durch!«

Die Nachbarn versorgten ihn mit Essen, sie warfen ihm Brot und Wurst vor die Füße und rollten hartgekochte Eier in seine Richtung, die mitten auf der Straße liegenblieben. Dann hörte er einen Moment lang auf zu schießen, aß etwas und setzte danach seinen Straßenkampf fort. Hinterher erzählten sich die Leute, er sei, als seine Munition aufgebraucht war, mit der Flinte auf der Schulter in aller Seelenruhe durch den Kugelhagel nach Hause spaziert, ohne dass ihn auch nur eine Kugel gestreift hätte.

Als Sebastià genug von dem Schauspiel vor der Kirche von Sant Antoni Abat hatte, ging er los, um zu sehen, was sich am Kloster in der Carrer de Valldonzella abspielte, das in dem Ruf stand, eines der reichsten Klöster der Stadt zu sein. Auf einer Gedenktafel neben dem Eingang standen die Namen der Könige von Aragon und Navarra, die dort residiert hatten, bis das Gebäude an die Zisterzienser von Poblet und später an die Ordensschwestern von Santa Maria de Valldonzella übergegangen war. Als Sebastià vor dem Kloster ankam, sah er nur noch die schwelende Glut an der Stelle, an der einst die Kirche und das Kloster gestanden hatten. Die Gebäude waren restlos abgebrannt, auch vom Mobiliar und den geistlichen Reliquien war nichts übrig geblieben.

Während die Aufständischen weiter randalierten, standen die einfachen Leute aus dem Viertel mit ihren Flaschen und Töpfen Schlange, um etwas Wein oder Öl zu ergattern, das aus großen Fässern und Steingutbehältern abgefüllt wurde. Auch Sebastià stellte sich an, um sich eine Flasche, die er einem rußverschmierten Jungen abgeschwatzt hatte, mit Wein füllen zu lassen. Ansonsten zog er es vor, sich im Hintergrund zu halten.

An den folgenden Tagen der Tragischen Woche sah Sebastià immer wieder Wagen mit Lebensmitteln durch die von weißen Fahnen geschmückten Straßen ziehen. Die Wagen versorgten Märkte und Krankenhäuser. Die Aufständischen würden nicht zulassen, dass die Armen und Kranken hungern müssten. Nach wenigen Tagen hatte sich ein festgelegter Rhythmus eingestellt: Von sieben bis neun Uhr morgens herrschte Waffenruhe, damit die Frauen einkaufen gehen konnten. Dann füllten sich die Straßen mit Menschen, und wenn gelegentlich Schüsse aus einer Schrotflinte oder einer Pistole zu hören waren, befeuerte das eher die Gespräche und den Eifer der Leute, als dass es sie davon abgehalten hätte, durch die Straßen zu laufen.

An dem Tag, als das Drama zum Ende kommen sollte, überschlugen sich die Ereignisse. In der Carrer Cera suchte man fieberhaft nach einigen Priestern, die sich angeblich im Haus des reichen Likörfabrikanten Antoni Toltràs versteckt hielten. Man spekulierte, ob es ihnen gelungen war, durch einen unterirdischen Gang zu entkommen.

Von der gegenüberliegenden Straßenseite aus beobachtete Sebastià das Geschehen. Er sah, wie ein junger Seminarist sein Gewehr zu Boden fallen ließ und sich mit beiden Händen an das schmiedeeiserne, rankenverzierte Geländer klammerte. Die Zuschauer hielten die Luft an, als ihn zwei stämmige Männer zwangen, loszulassen. Sie zogen ihn vom Geländer weg, dann hörte man einen Schuss aus dem Gebäude. Der Suchtrupp kehrte ohne ihn zurück.

Danach sah man nur noch die Flammen, die bläulich auf dem Balkon im Obergeschoss züngelten. Von den angeblich dort versteckten

Priestern und den Geheimgängen sprach niemand mehr. Die Leute waren zufrieden mit dem Anblick des schönen Feuers.

Alle Schnapsfässer gingen in Flammen auf und brannten lichterloh, als ein alter Mann verzweifelt aus dem Nachbarhaus gelaufen kam. Er war der Inhaber der Umzugsfirma *Moderna Universal* (Ihr Umzug: Pünktlich – Zuverlässig – Preiswert) und erklärte aufgeregt, sein Haus sei bis oben hin mit Stroh und Verpackungsmaterial gefüllt. Es werde unweigerlich niederbrennen, wenn das Feuer aus dem Nachbarhaus überspringen würde. Er sei ein guter Republikaner und fände es ungerecht, wenn nun ausgerechnet er sein Hab und Gut verlieren würde, weil sein Nachbar ein reaktionäres Schwein sei. Ein freiwilliger Helfer lief sogleich los, um die Feuerwehr zu holen, da machte sich eine rührige Menschenmenge daran, die *Moderna Universal* mit demselben Eifer vor dem Feuer zu schützen, mit dem sie zuvor das Likörgeschäft von Antoni Toltràs in Brand gesetzt hatte.

Auf der anderen Straßenseite kam ein Mann mit der Armbinde des Roten Kreuzes auf Sebastià zu, sein Arbeitskollege aus dem *Siglo*. Er sah müde aus. Drei Tage und drei Nächte hatte er ununterbrochen die Einsätze ausgeführt, die seine Gruppe ihm übertragen hatte.

»Geh nach Hause, Mann«, sagte er zu Sebastià. »Was willst du noch hier?«

Auch in der *Casa del Poble* wurde der Rückzug eingeleitet. Emiliano Iglesias und Juan Colominas, die diese historischen Ereignisse in Barcelona angeführt hatten, erklärten ihren Leuten, das Fest sei vorbei. Es seien Truppen aus Valencia, Saragossa und sogar aus Pamplona und Burgos im Anmarsch. Ihnen blieb nur noch die Flucht. Da die Radikalen die Hauptverantwortlichen für die Brandstiftungen und die Plünderungen der Klöster waren, stand zu erwarten, dass man sie als die alleinigen Schuldigen anklagen würde. Die sozialistischen Anarchisten waren im Barcelona des Jahres 1909 noch eine kleine Minderheit und gewiss nicht bereit, die Verantwortung für diese Aktion mitzutragen. Sie warfen der Radikalen Partei vor, sie hätte die allgemeine Stimmung gegen den Marokkokrieg ausgenutzt, um Kirchen und Klöster zu zerstören, anstatt eine konzertierte Aktion auf nationaler Ebene zu starten, mit der man wirklich etwas gegen das Regime hätte ausrichten können.

Mit ihrem Werk der Zerstörung und ihrer Demagogik hatte die Radikale Partei alle Pläne zum Scheitern gebracht. Obendrein war es ihnen wichtig gewesen, keine Schäden an Fabriken, Häfen, Banken, Kommunikationswegen und anderen lebenswichtigen Zentren des Wirtschaftslebens zu hinterlassen. Die neuen wirtschaftlich Einflussreichen hatten den Volkszorn auf die alten feudalen Institutionen gerichtet, und die Führer der Radikalen gingen siegesgewiss davon aus, dass sie straffrei davonkommen würden. Wie immer waren es die kleinen Fische in der Partei, die den Preis für das Zerstörungswerk zahlen mussten.

In den folgenden Monaten wurden in Barcelona vier Todesurteile vollstreckt: Drei Aufständische wurden wegen Brandstiftung und Schändung von Grabstätten und religiösen Heiligtümern verurteilt. Dazu ein Lehrer, der mit den Unruhen und Plünderungen gar nichts zu tun gehabt hatte, dessen Vergehen aber darin bestand, dass er sein gesamtes Erbe in die Gründung einer modernen, laizistischen Schule für Jungen und Mädchen investiert und sich gegen das traditionelle religiöse Bildungssystem gewandt hatte. Sein Name war Francisco Ferrer i Guardia. Auf Initiative der Kirchenvertreter wurde er nach einem manipulierten Prozess auf der Grundlage falscher Zeugenaussagen von einem Militärgericht zum Tode verurteilt und am 13. Oktober 1909 auf dem Montjuic erschossen.

Sebastià nahm sein normales Leben wieder auf und lernte kurze Zeit später eine junge, aragonesische Witwe aus Barbastro kennen, die in Sant Gervasi im Haus eines reichen Industriellen als Dienstmädchen arbeitete und eine neunjährige Tochter namens Pilar hatte. Er beschloss, es sei an der Zeit, endlich erwachsen und vernünftig zu werden und eine Familie zu gründen.

Mühsam riss Sebastià sich los aus seinen Gedanken an die Tragische Woche und kehrte zurück in die Gegenwart. Bei aller Liebe zur Familie, bei allen Gefühlen, die diese Erinnerungen in ihm wachriefen: Eine Salbung für seine Enkeltochter, das ging nun wirklich zu weit.

11 VERBINDUNGEN

Auf dem Heimweg von der Estació de França fühlte Valeriana sich zunächst erleichtert. Doch je näher sie der Carrer de Borrell kam, desto mehr fürchtete sie sich vor der Einsamkeit in ihrer Wohnung.

Pilar hatte ihr, ehe sie mit der kleinen Llibertat in Richtung Barbastro verschwand, das Kind kurz hingehalten, für den rituellen Großmutterkuss zum Abschied. Wäre der alte Joan Alzina zu der Zeit in Barcelona gewesen, hätte er Pilars Abreise wohl zu verhindern gewusst.

Aber Joan Alzina war nicht mehr in Barcelona. Er wohnte seit einiger Zeit bei Verwandten in Igualada. Nach einem Anschlag auf die Druckerei der *Tierra y Libertad* war die Zeitung geschlossen worden. Bei dem Attentat hatten sich die Arbeiter zu verteidigen versucht, allen voran Joan Alzina, der mit der Waffe in der Hand versuchte, Widerstand zu leisten. Er war bei den Auseinandersetzungen angeschossen worden und mit einer leichten Beinverletzung davongekommen. Danach aber verließ er die Stadt und ging nach Igualada, wo er in der Druckerei arbeiten konnte, die seine Genossen dort nach der Schließung der *Tierra y Libertad* eingerichtet hatten. Von da an wurden alle Artikel, Manifeste und Pamphlete in Igualada gedruckt – ganz legal oder im Geheimen.

Valeriana aber war in Barcelona geblieben. Sie wollte weiterhin ihren Sohn im Gefängnis besuchen, vor allem aber ihn schützen, ihn abholen und nach Hause begleiten, wenn er endlich freikäme. Langsam stieg sie die Treppe hoch in den fünften Stock, schloss die Tür auf und fand die Wohnung unaufgeräumt vor: die ungemachten Betten, der Stapel Frühstücksgeschirr neben dem Spülbecken, das erloschene Feuer. Die Stille der leeren Wohnung und ihre Sorge um die Familie dröhnten in Valerianas Ohren. Andererseits war der Abschied von Pilar – auch wenn er mit der Trennung von Llibertat einherging – eine Befreiung für sie gewesen.

Valeriana saß auf dem Platz ihres Mannes am Esstisch und stützte den Kopf auf die Hände. Sie dachte an ihren Sohn im Gefängnis und an ihren Mann in Igualada. Nach einer Weile stand sie auf, seufzte und machte sich an die Arbeit. Sie fing an, aufzuräumen, machte die Betten, zog Pilars Bett und Kopfkissen ab und legte die Wäsche in den Korb. Als sie mit dem Abwasch fertig war, bereitete sie sich eine Knoblauchsuppe mit Thymian und Eigelb. Dazu knüllte sie Zeitungspapier zusammen, schichtete Holzspäne, riss ein Streichholz an, und schon bald stieg eine schmale Rauchwolke auf. Nach kurzem Wedeln griffen die Flammen auf die Kohlen über. Dann holte sie den Tontopf mit dem Sprung an der Seite und gab einen ordentlichen Schuss Olivenöl, ein paar Knoblauchzehen und einen Thymianzweig hinein. Bedächtig schnitt sie das trockene Weißbrot in Stücke und schob sie in das heiße Öl zu den goldbraunen Knoblauchzehen, ehe sie alles mit Wasser ablöschte. Traurig schaute sie auf die kleine Portion Suppe in dem riesigen Tontopf, der sonst immer randvoll gewesen war, ein Abbild ihrer Verlassenheit.

Es war ein klarer, kalter Dezembermorgen. Wie immer liefen die Frauen mit ihren Einkäufen die Straße entlang, man hörte das melodische Rufen der Markthändlerinnen, den gellenden Pfiff des Scherenschleifers und das Scheppern der Müllfahrer, die mit den leeren Tonnen an ihren grünen Wagen laut hupend durch die Straßen fuhren. An der Ecke zum Markt bot eine fahrende Händlerin auf einem karierten Tuch am Boden ihre Waren feil: Knoblauchzöpfe, kleine Reisigbündel, grobe Trinkbecher hergestellt aus leeren Konservenbüchsen.

Valeriana beobachtete durch ihr Fenster das bunte Treiben, doch war sie mit ihren Gedanken ganz woanders. Da entdeckte sie Asunción, mit ihrer Tochter auf dem einen, der schwarzen Einkaufstasche am anderen Arm. Sie schaute in Valerianas Richtung und schien ihr ein Zeichen zu geben. Nach ein paar Minuten stand sie völlig außer Atem auf dem Treppenabsatz und drückte Valeriana das Kind in den Arm.

»Puh! Die Kleine wird allmählich schwer. Hoffentlich fängt sie bald an zu laufen ... Ist sie wirklich weg?«

»Wer?«

»Pilar.«

Ihre Missbilligung war nicht zu überhören. Asunción, die nun allein mit ihrem Kind ein paar Straßen weiter in einer kleinen Wohnung wohnte, hatte eine Arbeit gefunden. Sie erledigte Näharbeiten für eine angesehene Schneiderei in Barcelona. Sie erzählte von Germinal, der in Toulouse untergetaucht war, ohne sich von den Alzinas verabschiedet zu haben. Er wohnte jetzt in einer Wohnung in der Nähe der Kathedrale von Saint-Sernin: zwei Zimmer zur Straße, eine große, helle Küche, dazu ein geräumiger Dachboden. Nur die sanitären Anlagen waren katastrophal:

»An den WC-Anlagen ist das *Siècle des Lumières* spurlos vorübergegangen«, hatte Germinal geschrieben, »Bettler wie Könige pinkeln seit der Herrschaft von Ludwig dem Vierzehnten noch immer alle in dieselben Pissoirs.«

»Und? Willst du zu ihm ziehen?«, fragte Valeriana.

»In ein paar Monaten vielleicht. Im Moment wohnt noch jemand dort, außerdem wäre es jetzt im Winter viel zu kalt für die Kleine.«

Die kleine Ana saß inzwischen auf dem Fußboden, auf dem am Vortag noch die kleine Llibertat gespielt hatte. Während Asunción erzählte, ließ Valeriana das Kind nicht aus den Augen. Ana war nicht so hübsch und rosig und rundlich wie Llibertat. Aber sie war ein fröhliches, immer gut gelauntes Kind. Wie gut es die Kinder doch haben! Wie leicht lassen sie uns für einen Augenblick alle Sorgen vergessen.

Asunción sah Valeriana prüfend an. Beide Frauen lebten jetzt allein, es war nicht abzusehen, wie lange dieser Zustand andauern würde. Und so fragte sie Valeriana, ob sie sich vorstellen könne, sie und das Kind vorübergehend in der Carrer de Borrell aufzunehmen. Sie könnten zusammen wohnen, bis Miquel aus dem Gefängnis käme. Valeriana könne auf das Kind aufpassen, wenn sie ihre Näharbeiten abholen und ausliefern musste oder wenn sie zum Einkaufen ginge.

»Wie steht es eigentlich mit der Singer-Nähmaschine?«, fragte sie, »Kann man die noch benutzen?« Asunción bräuchte nur ein kleines Eckchen am Fenster im Esszimmer, da ließe es sich wunderbar arbeiten.

Und so geschah es. Asunción hatte nun weniger mit dem Haushalt zu tun und konnte sich ganz ihrer Näharbeit widmen. Außerdem kümmerte sie sich wieder um die Frauen und Angehörigen der Genossen, die sich derzeit im Gefängnis oder im Krankenhaus befanden oder anderswo untergetaucht waren.

Schon nach kurzer Zeit hatte sich ein Netzwerk aus Frauen gebildet – den Müttern, Schwestern und Töchtern der Untergetauchten, Verletzten und Gefangenen. Man half sich gegenseitig, tauschte Nachrichten und Parolen aus und war füreinander da, wenn es nötig war. Manchmal half schon ein kurzer, aufmunternder Besuch.

Asunción und Valeriana erhielten ihre Anweisungen immer in der Wohnung von Nora Cardona, die als einzige der Frauen den genauen Aufenthaltsort der Mitglieder des Regionalkomitees kannte.

Noras Mann war Tischler von Beruf, er wohnte und arbeitete seit mehreren Jahren in der Carrer Sant Climent. Seine Festnahme hatte er in letzter Minute verhindern können, indem er vom Innenhof seines Hauses über die Mauer gesprungen war und sich bei seinen Nachbarn versteckte, während Nora mit den Polizisten ein längeres Frage-und-Antwort-Spiel führte. Sie erzählte ihnen, ihr Mann sei schon seit über einer Woche verschwunden. Als sie die Polizisten schließlich in ihre Wohnung ließ, trafen sie nur auf Noras Mutter, die alte Mercè Cardona. Aber sie kamen noch einmal zurück, um auch die Tischlerwerkstatt im Erdgeschoss zu durchsuchen. Dabei ließen sie nichts an seinem Platz, warfen wahllos Möbelstücke und Bretter um, die zum Trocknen an der Wand lehnten und noch nach frischer Farbe und Terpentin rochen. Als sie gerade wieder gehen wollten, entdeckte einer der Männer die zum Aschenbecher umfunktionierte Muschel auf dem Tisch, in der noch eine Zigarette qualmte.

»Seit mehr als einer Woche ist er weg, sagen Sie? Und was ist das hier?«

»Das hier? Was denn?«

»Ist das deine Zigarette?«

»Ist das ein Problem? Will Martínez Anido uns jetzt auch noch das Rauchen verbieten?«

Sie entging gerade noch einer Ohrfeige, hielt aber dem Blick des Mannes stand, der schon den Arm zum Schlag erhoben hatte.

»Glaubst du, es stimmt, was Nora gesagt hat, dass sie sich den Männern so mutig entgegengestellt hat?«, fragte Asunción Valeriana auf dem Nachhauseweg.

»Die ist zu allem fähig. Du hättest mal ihre Mutter sehen sollen, als ihre beiden Söhne 1909 nach Marokko eingeschifft wurden!«

12 DER KRIEG IN MAROKKO

Die Familie Cardona hatte in den letzten Jahren viele Erfahrungen mit der Polizei und den Militärbehörden machen müssen. Schon Noras Mutter, Mercè Cardona, war 1884 während des berühmten Streiks der Weberinnen in Igualada festgenommen worden, als eine der zwanzig Fabrikarbeiterinnen von Can Bou, die im kleinen Ort Carme verhaftet, wegen Gewaltausübung verfolgt und angeklagt worden waren. Die Frauen hatten damals versucht, die von auswärts angereisten Streikbrecherinnen am Arbeiten zu hindern. Die Anklage gegen sie lautete: Verstoß gegen die Arbeitsfreiheit. In allen Zeitungen war Mercè Cardonas Bild zu sehen gewesen, auf dem sie mit ihren Kolleginnen vor dem Gefängnistor stand, darüber im Halbrund die Inschrift auf dem Torbogen: GEFÄNGNIS VON IGUALADA.

Die gefangenen Frauen standen vor dem Fotografen aufgereiht, sauber und adrett, mit karierten Schürzen, bewacht von einem martialisch aussehenden Gefängnisaufseher mit Bart und Uniform. Rechts außen Mercè, ganz in Schwarz, das dunkle Haar zum strengen Mittelscheitel frisiert, mit entschlossenem Gesichtsausdruck. Auf dem Bild trägt sie ihren Sohn Antoni auf dem Arm, jenen Antoni, der 1910 in Marokko ums Leben kam. Der Junge war zu dieser Zeit noch nicht einmal ein Jahr alt. Und da die Mutter ihn noch stillte, durfte sie ihn mit in ihre Zelle nehmen.

Mercè Cardona war später mit Mann und Kindern in die katalanische Hauptstadt gezogen und hatte sich eine kleine Schneiderwerkstatt in der Carrer de la Cera eingerichtet. In ihrem Laden hing das Zeitungsfoto, so wie bei anderen Leuten ein Diplom oder eine Urkunde. Hier hatte auch Valeriana sie kennengelernt. Wenige

Meter von der eigenen Wohnung entfernt war sie zufällig auf diese berühmte Klassenkämpferin der katalanischen Arbeiterbewegung getroffen.

»Kennst du die Cardonas schon lange?«, fragte Asunción Valeriana.

»Seit über zehn Jahren. Sie stammen aus Carme, aber als ich sie kennenlernte, kamen sie gerade aus Monistrol.«

Valeriana schloss die Augen, ließ die Vergangenheit an sich vorüberziehen und dachte zurück an jene Tage des Krieges in Marokko und die Tragische Woche von 1909. Sie dachte an die Abreise der beiden Cardona-Söhne. An den Nachmittag am Hafen. An die Stunden, in denen sie gemeinsam in der dunklen Wohnung in der Carrer de la Cera gesessen hatten. Alles war auf einmal wieder da, wie Szenen aus einem alten Film.

Vor allem erinnerte sich Valeriana an den Blick von Mercè, die sonst immer so entschlossen und energisch gewesen war. An jenem Tag hatten ihre Augen trübe, leer und hilflos gewirkt, voller Angst und Trauer.

Erst wenige Monate zuvor hatten die Cardonas beschlossen, wie so viele andere Arbeiter in die Hauptstadt zu ziehen. Cardona war Weber gewesen, wie schon sein Vater, sein Großvater, seine Frau und die Eltern seiner Frau. Er war dreißig Jahre lang von einem Dorf ins nächste gezogen und immer wieder entlassen worden, weil die Arbeitgeber keinen Mann unter ihren Angestellten duldeten, der sich anmaßte, im Namen der ganzen Belegschaft zu sprechen. Und dann war er auch noch ein Atheist! Einer, der die Mütze aufbehielt, wenn das Sterbesakrament durch die Straßen getragen wurde.

Der jüngste Sohn der Cardonas, Marcial, war Reservist des zur Dritten Brigade gehörigen Bataillons *La Estrella*. Als sich Anfang Juli 1909 die Lage am Rif in Marokko zuspitzte, erhielt er den Befehl, in der Kaserne seinen Militärdienst anzutreten. Die gesamte Dritte Brigade sollte nach Melilla verschifft werden.

Und so war Mercè Cardona eines Morgens in Tränen aufgelöst in der Wohnung der Alzinas aufgetaucht, in der Hoffnung auf Zuspruch von Joan Alzina, der immer alle Zeitungen las. Vielleicht hatte er andere Informationen? Vielleicht waren die Mobilisierung der Reservisten, die kriegstreiberischen Reden des Oberbefehlshabers und des Kriegsministers nichts weiter als ein Warnschuss? Nichts weiter als ein geschickter Schachzug, um die Araber am Rif einzuschüchtern, die es gewagt hatten, sich mit Gewehrschüssen dem Bau der Eisenbahn entgegenzustellen? Würden sie wirklich diese Jungs, deren Militärdienst schon mehr als zwei Jahre zurücklag, nach Afrika schicken? Ihr Sohn Antoni war inzwischen verheiratet und hatte einen Sohn ...

Aber das alles half nichts. Tatsächlich musste Marcial seinen Dienst in der Kaserne in der Carrer del Bonsuccés antreten. Mercè und ihre Tochter Nora begleiteten ihn bis vor die Tür und harrten dort zwei Tage und zwei Nächte aus. Immer mehr Angehörige kamen hinzu und warteten vor dem Kasernentor, um unter den Soldaten einen Ehemann, einen Sohn oder einen Bruder auszumachen. Vor allem fürchteten sie sich davor, mitansehen zu müssen, wie das Bataillon zum Hafen marschieren, die Schiffe besteigen und ablegen würde.

Man hatte den Soldaten bereits ihre *Rayadillos*, die gestreifte Uniform aus Baumwolldrillich, ausgehändigt. Dazu das weiße Baumwolltuch als Nackenschutz und die Gamaschen mit den seitlichen Bändern zum Schnüren der Kniehosen.

Nach sechs Tagen erhielt auch Antoni seine Einberufung zum Bataillon *Reus*, Ziel: Melilla.

Die Alzinas konnten nicht viel für ihre Freunde tun. Aber sie kamen oft zu Besuch und erzählten, wie sich im ganzen Land die Stimmen derer mehrten, die den Krieg in Marokko rundheraus ablehnten.

»Schau mal«, sagte Joan Alzina zum alten Cardona, »wer alles gegen diesen Krieg ist, nicht allein wir und die Sozialisten, die Liberalen und die Republikaner; der Protest weitet sich aus bis in die Kreise der Monarchisten und Konservativen, man hört es von überall, sogar aus Madrid. Sie werden es nicht wagen, die Jungs in ein aussichtsloses Abenteuer zu stürzen. Hör dir mal an, was selbst diese rechtsgerichtete Zeitung schreibt.« Alzina las ihm vor:

»Man kann ein Land nicht gegen den Willen seines Volkes zu den Waffen rufen. In Spanien interessiert sich niemand für Marokko. Abgesehen von einem halben Dutzend Politikern, einigen Börsenspekulanten und ein paar Großmäulern will niemand etwas von diesen gewagten Unternehmungen und Provokationen wissen, niemand wünscht sich unnötige Probleme, erst recht keine unzeitgemäßen kriegerischen Eskapaden. Hätte Spanien in Fernando Poo eingegriffen oder in Muni; hätte jemand in diesem Land den Eindruck, dass wir in Marokko ein dringendes Problem lösen müssten, dann wäre diese imperialistische Politik vielleicht vertretbar; aber es weiß doch jeder, dass dieser Marokkoeinsatz völlig sinn- und planlos ist; also kann auch niemand dafür sein.

Angenommen, unsere Truppen würden von Melilla aus vorstoßen, zehn, zwanzig oder hundert Kilometer, und diese Gebiete besetzen. Was dann? Was hätte das für einen Sinn? Gar keinen, außer dass man dafür Unsummen verschwendet, die wir hier dringend brauchen, einige Soldaten würden sterben, andere Karriere machen, wir richten ein gründliches Chaos an und machen uns wieder einmal zum Narren, weil wir eine Schießerei zum Scharmützel und das Scharmützel zur Kriegshandlung erheben; wir schicken mehr Generäle als Obristen, mehr Obristen als Soldaten, mehr Versprechen als Taten, mehr Pläne als Fakten und erreichen nur eines: Wir vergießen das Blut unserer Männer und werfen das Geld der Steuerzahler zum Fenster raus.«

Am 20. Juli, dem Abend bevor Antoni mit seinem Bataillon in den Marokko-Krieg ziehen musste, kam Joan Alzina noch einmal zu den Cardonas und zeigte ihnen, was über das große Sozialistentreffen in der Zeitung stand, das am vergangenen Sonntag unter der Leitung des jungen Parteiführers Francisco Largo Caballeros im Eden-Theater in Madrid stattgefunden hatte. Aus den Logen hatten sie große rote Banner gehängt:

NIEDER MIT DEM KRIEG!
VERTEIDIGT DOCH SELBST EUER VATERLAND!
WEG MIT DEM BLUTZOLL!
REKRUTEN WERDEN EINGEZOGEN,
TOTE SÖHNE WERDEN NICHT BEGRABEN!

»Pablo Iglesias, Präsident der sozialistischen Partei, bestätigte, dass die Marokkaner allen Grund haben, sich gegen die imperialistische Bedrohung der europäischen Nationen aufzulehnen. Der Angriff auf die Nordafrikanische Eisenbahngesellschaft Monte Atalayon im Rifgebirge, bei dem vier Arbeiter ums Leben kamen, ist, so Iglesias, nur ein armseliger Vorwand. Die Regierung hat sich noch nie um das Leben und die Interessen von Arbeitern geschert. Grauenhafte Dinge sind in den letzten Wochen passiert: Das Geschwader María de Molina hat ohne Vorwarnung Bomben auf die arabische Bevölkerung in ihren Douars abgefeuert, ohne ihnen Gelegenheit zu geben, ihre Alten und Kranken, die Frauen und Kinder in Sicherheit zu bringen. Was für ein barbarisches Beispiel geben wir als angeblich zivilisierte Völker den sogenannten ›Wilden in Afrika‹!

Iglesias sprach daraufhin von der möglichen Truppenverlegung aus den verschiedenen spanischen Hafenstädten. Die Damen der Aristokratie können ihre Söhne im militärfähigen Alter mithilfe einer Blutsteuer freikaufen – wenn sie fünfhundert Peseten zahlen, werden ihre Söhne nicht eingezogen. Stattdessen verteilen sie milde Gaben: Geld, Heiligenbildchen und Zigaretten. Angesichts der derzeitigen Lage ist das ein Schlag ins Gesicht!

Anschließend fasste Largo Caballero die verschiedenen Kriegseinsätze zusammen und rief dazu auf, die Regierung unter Druck zu setzen, damit kein einziger Soldat mehr nach Marokko geschickt und jenen, die bereits dort sind, die sofortige Rückkehr zu ihren Familien ermöglicht wird.«

Während Joan Alzina den Zeitungsbericht laut vorlas, schaute er mehrmals zu Cardona und dessen Frau. Manche Sätze las er zweimal, doch er merkte, dass die beiden mit ihren Gedanken weit weg und für seine Aufmunterungen unzugänglich waren. Sie befanden sich bereits an jenem Ort des Schweigens, an den jeder Mensch sich innerlich im Angesicht einer großen Katastrophe begibt.

»Es geht los! Es geht los!« Aufgeregt kam die junge Nora Cardona eines Morgens zu den Alzinas gerannt. Das große Kriegsschiff, die *Cataluña*, lag abfahrbereit im Hafen, um die Soldaten der Bataillone *La Estrella* und *Reus* aufzunehmen und nach Marokko zu bringen.

Vor der Kaserne spielten sich schreckliche Szenen ab. Die Alzinas hatten Mühe, Mercè in der Menge zu finden. Die Truppeneinheit der Ersten Kompanie fiel direkt hinter dem großen Tor auseinander: Zivilisten, Mütter, Ehefrauen, Schwestern stürzten sich auf die marschierenden Soldaten und brachten ihre Reihen durcheinander. Weinende junge Frauen warfen sich den Soldaten an den Hals, nahmen ihnen Gewehre und Rucksäcke ab und schnallten sie sich selbst um. Von den Balkonen der Carrer Bonsuccés und auch von der Rambla aus sah man nur eine wirre Menschenmenge, in der Haare, Filzhüte, Arbeitermützen und Strohhüte zu einer Masse verschwammen. Die Stimmen der Offiziere und Unteroffiziere überschlugen sich. Niemand hörte auf ihre Befehle.

Unten am Hafen drängelte sich das Volk vor der *Cataluña* und widersetzte sich dem enormen Aufgebot der Sicherheitskräfte. Die Guardias versuchten, die Soldaten mit Gewehrhieben von der überreizten Menschenmenge fernzuhalten. Eine Gruppe hoher Würdenträger überwachte die Einschiffung, unter ihnen der Oberbefehlshaber und der Bürgermeister. Direkt hinter ihnen schrie ein Arbeiter ein furchtloses »NIEDER MIT DEM KRIEG«, dem sich sogleich zahlreiche Stimmen anschlossen. Die Beamten, die zur Bewachung des Oberbefehlshabers abgestellt waren, drehten sich nach allen Seiten um. Doch die Sicherheitskräfte konnten nur ein paar in unmittelbarer Nähe stehende Aufrührer dingfest machen.

Mercè Cardona, ihre Tochter Nora und die Alzinas glaubten in jedem Soldaten, der über die Brücke an Bord ging, einen ihrer Söhne zu erkennen. Mercè war klarer als in den Tagen zuvor. Die Wut verlieh ihr doppelte Kräfte. Man hörte ihre dunkle, zornige Stimme aus den anderen heraus, als sie rief:

»Werft eure Gewehre ins Wasser! Sollen die Reichen doch selbst in den Krieg ziehen! Alle oder keiner! Lasst sie doch selbst ihre Minen verteidigen!«

Für die Frau, die 1881 an den Streiks in Carme beteiligt gewesen war und lieber ins Gefängnis ging, als untätig zu bleiben, stand diesmal mehr auf dem Spiel als Brot und Gerechtigkeit: Es ging um das Leben ihrer Söhne. Und doch wurde die Brücke zur *Cataluña* hochgezogen, die Guardias zerstreuten die Menschenmenge, indem sie Schüsse in die Luft feuerten und die Leute mit dem Säbel zurückdrängten. Alle bekannten Arbeiterführer und besonders aufrührerische Bürger wurden auf der Stelle verhaftet.

Als die Lage sich langsam beruhigt hatte, blieben Mercè, ihre Tochter Nora und die Alzinas noch lange am Kai stehen und blickten schweigend der *Cataluña* nach, deren Umriss auf der blauen Wasserfläche immer kleiner wurde. Valeriana hatte den elfjährigen Miquel an der Hand. Auf dem Nachhauseweg, sie liefen gerade über die Carrer del Hospital, spürte Valeriana die verzweifelten Blicke Mercès, die auf ihr und ihrem Sohn ruhten. Sie fasste die Hand ihres Jungen fester. Joan Alzina ging mit Miquel zurück in die Carrer de Borrell, während Valeriana noch die ganze Nacht mit den Cardonas im dunklen Zimmer am Esstisch saß.

Wenige Tage darauf starb der alte Cardona, inmitten der Unruhen und Brandstiftungen, den »Nieder mit dem Krieg«-Rufen und den Schießereien, die während der Tragischen Woche die Stadt in Aufruhr versetzten. Er starb in Frieden, denn er glaubte, die Revolution sei ausgebrochen und seine Söhne würden bald nach Hause kommen.

13 IN FREIHEIT, VOM TOD BEDROHT

Am Abend des 24. Dezember, als niemand damit gerechnet hatte, öffneten Valeriana und Asunción die Wohnungstür und vor ihnen standen zwei magere, blasse, aber vor Freude strahlende junge Männer, Miquel und Josep-Maria Foix. Zu ihrem eigenen Schutz waren sie nach ihrer Entlassung von vertrauenswürdigen Freunden aus dem Gefängnis nach Hause begleitet worden. Man habe sie, so erklärten die beiden, dank einer großzügigen Order des Gouverneurs Martínez Anido freigelassen. Dieser habe beschlossen, zur Feier des Weihnachtstages all jenen die Gefängnispforten zu öffnen, die schon länger als drei Monate in Untersuchungshaft saßen, etwa hundert an der Zahl.

»Sie hatten heute genauso wenig einen Grund, uns freizulassen, wie sie damals im September einen Grund hatten, uns festzunehmen«, bemerkte Foix.

»Ist Pestaña auch raus?«

»Ja, ich hab ihn zusammen mit seiner Frau Maria weggehen sehen. Heute früh stand sie vorm Tor und hat auf ihn gewartet.«

»Pestaña täte gut daran, sofort von hier zu verschwinden«, sagte Asunción. »Den bringen sie doch sofort um, wenn sie ihn auf der Straße sehen ...«

Die beiden Frauen überredeten Foix, noch bis zum nächsten Morgen zu bleiben. Die warmherzige Begrüßung durch die ihm bis dahin unbekannte Familie erfreute ihn. Die beiden Frauen mussten Miquels Mutter und seine Frau sein, das Mädchen seine Tochter. Aber wer war dieser Germinal, von dem nun immerzu die Rede war? Und wer war Pilar, die sich mit der kleinen Llibertat in Barbastro aufhielt? Immer wieder wanderten Foix' Blicke von Miquels Gesicht zur kleinen Ana, die um den Esstisch herumkrabbelte und vor sich hin sang. Er hatte geglaubt, eine große Ähnlichkeit zwischen den beiden zu erkennen.

»Ich gehe nur rasch etwas einkaufen«, rief Asunción und war schon aus der Tür. Da bemerkte Foix, wie Miquel ihm die Hand um die Schulter legte und ihn zum Balkon zog. »Sieh doch nur, da unten.« Es wurde schon dunkel. Die Geschäfte waren voller Menschen. Die Karbidlampen flackerten weiß und beleuchteten die Auslagen der Gemüsehändler, die Wurstwaren, prächtig ausgestellt und für das Weihnachtsfest mit bunten Schleifen und Papiergirlanden geschmückt. Ein Geflügelhändler hatte seinen Stand an einer Ecke aufgebaut und hielt einen Truthahn in die Luft, mit großer Geste pries er ihn einer misstrauischen Kundin an und forderte sie auf, ihn anzufassen. Ein Mann von der Stadtverwaltung, der Lichtbeauftragte, ging in seinem langen Kittel die Straße entlang und hielt alle zwanzig Schritte den Fidibus auf einem langen Stab an die Gaslaternen. Gleich darauf flammte hell das Licht auf und spiegelte sich in dem schillernden Mosaik aus nassen Pflastersteinen und Gehwegplatten. Alle zwanzig Schritte wiederholte sich das Schauspiel.

Von oben aus dem fünften Stock sahen die beiden jungen Männer, wie sich Asunción, den Einkaufskorb am Arm, entfernte.

»Seid ihr verwandt?«, fragte Foix.

»Mehr oder weniger. Asunción ist eine patente Frau. Ihr Mann ist Giner, auch ein guter Genosse.«

Foix richtete sich auf und strich sich übers Kinn. Im Kreis der revolutionären Arbeiterschaft hatten Wörter wie »verwandt« oder »Familie« einen anderen Beigeschmack. Asunción war nicht einfach eine Verwandte. Sie war eine Genossin, die Frau eines Genossen. Solche Beziehungen zeichneten sich aus durch Vertrauen, Verlässlichkeit und Großzügigkeit, und er hielt sie für wesentlich tragfähiger und differenzierter als die Pflichtverwandtschaften, die das Bürgertum den Leuten aufzwang.

Asunción war schon bald zurück und bereitete zu Ehren von Miquel und Foix ein freiheitliches Weihnachtsmahl zu. Das Abendessen hätte fröhlich verlaufen können, wären da nicht all die schmerzlichen Erinnerungen und die über allen Dingen schwebende Bedrohung gewesen, die wie eine lästige Hornisse immer wieder das Gespräch umschwirrten. Der Tod von Alemany und Santamaría, der alte Alzina, der nun im Kreise ein paar treuer Gefährten seine Tätigkeit in der Druckerei in Igualada fortzusetzen versuchte.

In den folgenden Tagen wäre Valeriana am liebsten jedes Mal mit ihrem Sohn mitgegangen, wenn er das Haus verließ.

»Mach dir keine Sorgen. Ich kann gut auf mich aufpassen. Ich merke gleich, wenn mir jemand folgt. Und was soll es bringen, wenn du mitkommst?«

Als er sah, dass sie immer noch zweifelte, fügte er hinzu:

»Nur wenn man direkt aus dem Model kommt, sollte man jemanden dabei haben. Dann ist die Gefahr am größten, dass sie sich auf das Fluchtgesetz berufen. Wenn man erst mal draußen ist, kann jederzeit einer auf mich schießen, egal, ob wer dabei ist oder nicht.«

Eigentlich hatte Miquel vorgehabt, wieder an seinen alten Arbeitsplatz bei Gironès zurückzukehren, doch der hatte abgelehnt.

»Verschwinde besser aus Barcelona. Du solltest nicht hierbleiben«, sagte Gironès, »Wenn die dich sehen, wie du morgens und abends kommst und gehst, immer auf demselben Weg, dann bist du bald ein toter Mann. Hast du keinen Ort, wo du hingehen kannst? Irgendwo auf dem Dorf? Eines Tages ist das hier vorbei. Jetzt gilt es zu überleben.«

Es war inzwischen Mitte Januar, und Pilar hatte noch immer nichts von sich hören lassen. Sie wusste durch ihre Eltern, dass Miquel aus dem Gefängnis freigekommen war. In ihrer eckigen Handschrift hatte sie ihnen geantwortet, Tante Rafaela leide nicht etwa an einer banalen Erkältung, es ginge ihr von Tag zu Tag schlechter, so schlecht, dass sie nicht mehr aufstehen könne. Alle Neffen und Nichten waren angereist und warteten auf den letzten Atemzug des Tantchens, vor allem aber auf den unausweichlichen Gang zum Notar. Wer sich nicht gerade an ihrem Krankenlager aufhielt, kannte kein anderes Gesprächsthema. Die in Barcelona mussten doch verstehen, dass Pilar in einem so schicksalhaften Augenblick die Dinge nicht einfach sich selbst überlassen konnte.

Miquels Schwiegereltern zeigten ihm an einem Sonntagmorgen, als er sie in der Carrer dels Corders besuchte, Pilars Brief aus Barbastro. Pilars Mutter beobachtete ihn aufmerksam beim Lesen und versuchte zu erraten, wie er die Botschaft wohl aufnehmen werde. Er sagte nichts und gab ihr den Brief zurück. Müde sah er aus.

Aber die Mutter begann, auf ihn einzureden: »Auch ich sollte am besten zu Pilar nach Barbastro ziehen. Du kennst meine Cousins und Cousinen nicht, du weißt nicht, wie diese Leute sind, die legen der armen Alten wer weiß was zur Unterschrift vor. Wir dürfen nicht riskieren, dass wir leer ausgehen wie einige vor uns, die zu ungeduldig waren. Und wenn es so weit ist, dann ist Pilar zu jung und unerfahren, um das alles allein zu bewältigen und sich gegen die Bande zu verteidigen, und dann hat sie auch noch die Kleine zwischen den Füßen. Die sind alle nur auf ihr eigenes Wohl bedacht, die ganze Bagage. Die sind von der übelsten Sorte, geizig und berechnend. Wenn Sebastià mich zu ihr gehen ließe, könnte ich …«

Miquel wusste nicht, was er entgegnen sollte, diese Probleme lagen ihm so fern wie ein fremder Planet, deshalb beschloss er, nach Hause zu gehen.

Immer wieder schaute er sich auf dem Heimweg um. Um die engen Gassen der Innenstadt zu meiden, lief er in großem Bogen über die Vía Laietana, Urquinaona, Fontanella, Pelai, bis er schließlich in die gute alte Ronda Sant Antoni abbiegen konnte, die zu ihm nach Hause führte. Wie immer erleichtert, wenn sie seinen Schlüssel in der Wohnungstür hörte, begrüßte seine Mutter ihn freundlich, bemüht, ihn nicht spüren zu lassen, wie sehr sie sich um ihn geängstigt hatte.

»Hast du Hunger? Was möchtest du essen?«

Er antwortete genauso beiläufig:

»Ja, sehr. Irgendwas. Was da ist.«

Am folgenden Sonntag, Miquel hatte immer noch keine Nachricht von Pilar erhalten, ging er wieder zu seinen Schwiegereltern. »Da siehst du es, Junge«, erklärte Sebastià, »meine Alte ist jetzt auch abgehauen. Und sie will dort bleiben, bis die alte Schachtel stirbt, aber die wird nie den Löffel abgeben und noch auf den Gräbern von uns allen tanzen. Miquel, du lebst hier gefährlich. Ich hab ein kleines Häuschen in Cornellà. Zieh besser dorthin und versteck dich vor der Polizei.

Die Hütte ist klein, sie besteht nur aus einem einzigen Raum, aber es gibt einen Brunnen und sogar ein Plumpsklo. Bei der Gelegenheit könntest du das Haus für mich ein wenig ausbauen. Vor allem aber hättest du den Gemüsegarten, da kannst du dich um die Auberginen und Tomaten kümmern und das Unkraut jäten. Außerdem bekommst du sicherlich auch weiterhin die Finanzhilfen aus dem Komitee der Gefangenenhilfe, oder nicht?«

Widerstrebend willigte Miquel ein, nicht ohne sich zuvor mit Sebastiá darauf zu einigen, dass der ihn für seine Handwerksarbeiten geringfügig entlohnen müsse.

Die ersten Monate waren nicht leicht. Es war ein feuchtkalter Winter, die Tage waren kurz, und der Regen hinderte Miquel daran, mit den Arbeiten zu beginnen, die Sebastià ihm aufgetragen hatte. Tagelang beschäftigte er sich damit, im Haus sauberzumachen, er brachte haufenweise alten Plunder auf den Müll und suchte nach halbwegs brauchbarem Werkzeug. Doch vor allem die Nächte waren lang. Miquel lag stundenlang auf dem Feldbett, ohne in den Schlaf zu finden und lauschte auf die Geräusche der Natur. Das Wasser in der Regenrinne, das Quaken der Frösche, der Wind in den Zweigen der alten Pinie.

Sobald das Wetter es erlaubte, machte Miquel sich an die Bauarbeiten. Im Februar schien die Sonne und es wurde warm, der Mandelbaum auf dem Nachbargrundstück stand in Blüten und verströmte einen honigsüßen Duft. Auch in den Gemüsebeeten regte sich das Leben. Miquels Mutter kam ihn oft besuchen, manchmal in Begleitung von Asunción und Ana, die Miquel schmerzlich an seine eigene Tochter erinnerte, die er so lange nicht gesehen hatte. Die Besuche machten ihn glücklich. Aber wenn er sie abends zum Zug brachte und allein auf dem Bahnsteig zurückblieb, wurde er schwermütig und fühlte sich verloren. Jeden Sonntag kam Sebastià, um seinen Besitz zu begutachten. Er saß in der Sonne vor der Tür und sprach mit Kennermiene über den Preis von Ziegelsteinen, Dachpfannen und Zement. Man könne das Häuschen vergrößern, schlug er vor, damit es mehr Platz gäbe. Pilar ließ sich nicht blicken. An einem Sonntag im August brachte Sebastià einen Brief von Pilar mit: Tante Rafaela war gestorben und hatte sich ihr gegenüber großzügig gezeigt. Pilar bekam einen großen Anteil vom Erbe in Form eines dreistöckigen Hauses mit Ladenlokal im Erdgeschoss. Damit war ihre Zukunft gesichert.

Als wiederum der Winter kam und nach zehn Tagen mit sintflutartigem Regen den Gemüsegarten in einen schlammigen See verwandelte, kehrte Miquel mit einem Bündel Kleidern und seinen Büchern nach Barcelona in die Carrer de Borrell zurück.

Ein paar Wochen später tauchten zwei Inspektoren der Sozialbrigade bei den Alzinas auf, durchsuchten die Wohnung, fanden den Sohn und brachten Miquel in ihrem Wagen aufs Präsidium in der Avenida de Isabel II.

14 HINRICHTUNG

Sie waren zu fünft in der Zelle. Darin war gerade genug Platz, dass alle auf dem Boden hocken konnten, den Rücken zur Wand, das Kinn auf den Knien. Zwei waren Einbrecher in abgerissenen Kleidern, die schienen, als kennten sie einander schon lange, der dritte ein älterer Transvestit mit blond gefärbtem Haar und schmalen, gepflegten Händen, der den beiden Machos mit verhaltenem Respekt zuhörte. Der vierte Gefangene war gekleidet wie ein einfacher Arbeiter.

»Warum bist du hier?«, fragte Miquel.

Der Arbeiter antwortete nichts und starrte nur vor sich hin. Aber der Transvestit wusste Bescheid: »Es war ein Nachbarschaftsstreit. Beinahe hätte er den anderen umgebracht, mit einem Bügeleisen. Bestimmt klagt man ihn als Mörder an. Ist erst gestern Abend hier reingekommen, das Opfer ringt noch im Krankenhaus um sein Leben. Worum es ging? Um seine Frau wahrscheinlich. Oder um die Frau des anderen, weiß auch nicht genau.«

Die Transe seufzte, strich sich das Haar im Nacken glatt und sah Miquel an. Einer der beiden Einbrecher fragte ihn: »Und du? Bist du ein Politischer?«

»Bist du Anarchist?«, setzte der andere nach.

Miquel nickte und sah den an, der die erste Frage gestellt hatte. Der räusperte sich, spuckte auf den Boden, zog sich den Hut tief über die Augen und streckte sich bestmöglich aus, um ein wenig Schlaf zu finden.

Miquel sollte einige Wochen in einer Zelle mit dem Bügeleisenmörder verbringen. Dann hieß es, man werde ihn gemeinsam mit einem anderen Gefangenen, den man aufgrund seiner Eisenbahnerkleidung »den Maschinisten« nannte, ins Gefängnis nach Saragossa verlegen.

Es war noch Nacht, als Miquel und der Maschinist, von zwei Polizisten begleitet, durch das Haupttor des Gefängnisses nach draußen gingen. Im Osten kündigte ein heller, wolkenloser Himmel die Morgenröte und einen schönen Frühlingstag an. Aber sie liefen gen Westen in die Dunkelheit. Bevor sie losgegangen waren, hatte man den beiden Gefangenen mitgeteilt:

»Ihr werdet zum Kontingent vom Montjuic gebracht, von dort aus wandert ihr nach Saragossa. Eine ganz normale Verlegung. Dreißig Kilometer Fußmarsch täglich.« Vor der Tür, in der Carrer Entença, hatte einer der Wärter mit lauter Stimme wiederholt: »Die beiden kommen zu dem Kontingent nach Saragossa.«

Der Maschinist zog an den Handschellen, mit denen seine rechte Hand an Miquels Linke gefesselt war und murmelte: »Zu viele Erklärungen. Schlechtes Zeichen!«

»Ruhe da«, brüllte eine Stimme hinter ihnen.

Für Miquel zählte nur noch das Jetzt. Die schnurgeraden Baumreihen entlang der Straßen, die allmählich aus der Stadt führten. Gärten, Gemüsegärten und Brachland wechselten sich nun ab. Sie kamen an dem ehrwürdigen achteckigen Glockenturm des Klosters Pedralbes vorbei und am riesigen Polizeirevier hinter der Fassade einer mittelalterlichen Burg. Vielleicht war der Tod jetzt ganz nah. Er lag in der Luft wie ein bevorstehendes Unwetter. Wie ein aufmerksamer Zuschauer musterte Miquel jetzt alles, was in sein Blickfeld geriet. Rechts von ihm die Pinienwälder an den Berghängen, die vom Tibidabo aus immer flacher wurden. Oben bei Sant Pere Martir die Wände der Kapelle, die kaum aus den Bäumen und Büschen hervorragte. Hier und da mischten sich die Farben von Dächern mit den rötlichen Hauswänden, viele von ihnen mit riesigen Teppichen aus Agavenblüten behängt. Die Masías waren kaum zu erkennen, kündigten aber ihr Dasein durch verschiedene Laute an: Hähne, die sich bei der Begrüßung des neuen Tages überschlugen. Ein Mann, der auf sein Pferd einschimpfte, weil es sich nicht vor den Karren spannen ließ. Hunde kündigten mit ihrem Gebell die Schritte der vier Männer an, die – zwei vorn, zwei hinten – schweigend die enge Straße entlangwanderten.

Ein Milchkarren, von einem Maultier gezogen, kam und ließ die Fässer wie Glocken aneinander klingen, sodass sie anhalten und aus dem Weg gehen mussten. Bei der Gelegenheit konnten die Gefangenen die Gesichter ihrer Wächter genauer studieren, doch die wichen ihren Blicken aus. Ihr Leben wurde nicht mehr in Jahren, Monaten oder Wochen gezählt, auch nicht in Tagen, sondern nur noch in Metern, in den Schritten, die noch vor ihnen lagen. Hundert? Fünfzig Schritte noch?

Nach einer Kurve blieben sie am Wegrand kurz vor dem Friedhof stehen. Sie waren erst eine gute Stunde gelaufen. Die beiden Bewacher sagten kein Wort und gaben den beiden Männern ein Zeichen, dass sie sich an die Wand stellen sollten, während sie ihre Musketen nahmen, eine Kugel ins Magazin steckten und die Waffen anlegten.

»Adiós, hermano«, sagten die Augen des Maschinisten, als er Miquel ansah. Und zu dem Wärter, der mit der Waffe auf ihn zielte, sagte er – jetzt, da er nichts mehr zu befürchten und nichts zu erhoffen hatte:

»Jetzt schieß endlich, du Hurensohn. Und sieh zu, dass du triffst, denn das ist alles, was sie dir …«

Der Polizist zielte zweimal gut. Das erste Projektil traf den Maschinisten, mitten in die Stirn. Der Maschinist sackte in sich zusammen und riss Miquel mit sich zu Boden. Auch er hatte einen dumpfen Schlag versetzt bekommen, mitten in die Brust.

Der Tod kam in Raten. Alles wurde leicht. Das Blut strömte aus ihm heraus und nahm sein Leben mit sich. Hörst du, Miquel? Erinnerst du dich an die Quelle unter dem Pinienhain? Erinnerst du dich an das frische Wasser, das sprudelnd zwischen Moos und Saxifraga entspringt? Frische Pflanzenfarben tanzten in einem Kaleidoskop aus Grün und Malve, verdichteten, stapelten, türmten sich, und flogen fort, ohne Unterlass.

Das Leben ausschöpfen bis an den Rand seiner Möglichkeiten. Dann wiederkehren, ins Universum, gelassen und heiter, zurück in den Schoß der Natur.

15 ALTE TRÄUME, JUNGES HOFFEN

Fünfunddreißig Jahre nach dem Bürgerkrieg sitzt Ana wieder auf den Treppenstufen des alten Hauses in der Carrer del Borrell, denkt an ihre alten Freunde und unterhält sich mit den Geistern ihrer Mitbewohner aus vergangenen Zeiten. Was ist mit ihnen geschehen?

Valeriana und Joan Alzina sind kurz hintereinander im Exil in Mexiko gestorben, im Abstand von nur sechs Monaten. Sie wurden beide über achtzig Jahre alt.

Anas Vater Germinal Giner wurde 1939 im Gefängnis von Alicante erschossen. Danach überquerte seine Frau Asunción zusammen mit ihrer Tochter Ana zu Fuß die Pyrenäen und ließ sich mit ihr in Toulouse nieder, wo sie noch viele Jahre in ihrem Beruf als Schneiderin arbeitete. Darauf war sie sehr stolz. Noch sechs Wochen vor ihrem Tod berichtete sie zufrieden, sie habe gerade sechs Knopflöcher wunderbar akkurat in eine Weste genäht.

Llibertats Leben ist gewissermaßen auch zuende. Mit fünfzehn Jahren hatte man sie gezwungen, zu ihrer Mutter zu ziehen, die seit einigen Jahren mit ihrem zweiten Ehemann in Barbastro lebte. Nur wenige Monate nach ihrer Ankunft in der ihr fremden Familie heiratete Llibertat einen Weinhändler aus dem Ort, der ihr Vater hätte sein können. Mitunter fliehen wir aus einem Gefängnis direkt ins nächste. Joan und Valeriana Alzina, deren Sohn an einem Frühlingstag im Jahr 1922 auf einer Landstraße getötet worden war, verloren also auch ihre Enkelin Llibertat. Und die beiden Mädchen, die vor vierzig Jahren gemeinsam auf der Treppe gesessen hatten, verbindet mittlerweile gar nichts mehr.

Noch immer sitzt Ana auf den Stufen in der Carrer de Borrell, als unerwartet neben ihr die Tür zur Wohnung der Alzinas aufgeht. »Adiós!«, ruft eine jugendliche Stimme. Eine Tür fällt laut ins Schloss. Eine junge Gestalt taucht auf und rennt die Treppen hinunter. War das ein Junge? Ein Mädchen? Das vorbeieilende Wesen trägt das Haar lang, bis auf die Schultern. Es hat eine enge blaue Arbeiterhose an, bequeme flache Schuhe mit biegsamen Kunststoffsohlen, dazu einen weiten Pullover aus dicker Wolle, der aussieht wie die mittelalterlichen Kettenhemden der Soldaten des Grafen Roger de Flor.

In der Hand hält das Wesen eine brennende Zigarette. Trägt es wirklich ein Gewehr auf dem Rücken? Schon ist es die halbe Treppe runtergesprungen, da bleibt es stehen, dreht sich um und fragt Ana, die mühsam von ihrem Treppenabsatz aufsteht: »Suchen Sie hier jemanden? Geht es Ihnen nicht gut?«

Ana lächelt.

»Nein, nein, mit mir ist alles in Ordnung. Ich ruhe mich nur kurz aus, bevor ich wieder nach unten gehe. Ich glaube, ich habe mich in der Wohnungstür geirrt. Die Rieras wohnen in der 43, oder?«

Schulterzucken bei dem jungen mittelalterlichen Soldaten, der ein Mädchen ist. Schuhgröße 38.

Als Ana vor vierzig Jahren Türen schlagend diese Treppe hinuntergesprungen ist, glaubte sie, die Revolution werde stattgefunden haben, sobald es einem Mädchen erlaubt sei, in der Öffentlichkeit zu rauchen, Arbeiterhosen, flache Schuhe, einen dicken Rollkragenpullover zu tragen und unbesorgt darüber zu sein, dass es wie ein Junge aussieht. Aber die Revolution lässt noch auf sich warten.

Ein letztes Mal betrachtet Ana prüfend und zärtlich die alte Eingangstür. Ein letztes Mal tragen die Erinnerungen sie davon. Sie sieht die Werkstatt. Den grünen, tief hängenden Lampenschirm über dem Arbeitsplatz der Mutter. Den Vater am Bügeltisch auf den zwei Böcken. Das große, mit Kohlen gefüllte Bügeleisen, in dem die Funken knistern. Sie hört das Zischen auf dem feuchten Stoff, sieht den alten Anarchisten Alzina in seinem niedrigen Strohsessel sitzen und sagen:

»Es gab so viele Opfer, bekannte und unbekannte, alle waren sie unschuldig. Es stimmt«, fährt der alte Alzina fort, »mit jedem Schritt, den wir vorankamen, machte die Revolution, die für uns über allem stand, einen Schritt zurück. Und dennoch muss die Devise lauten: Weitermachen! Denn andere werden folgen ...«

Marina Ginestà-Coloma und ihr Sohn Manuel Periáñez-Ginestà um 1995

DIE FAMILIE EINER IKONE

Manuel Periáñez-Ginestà

Marina Ginestà-Coloma (1919–2014), meine Mutter und die Autorin des vorliegenden Romans, wuchs als Kind einer Arbeiterfamilie in der Umgebung sozialistischer Aktivisten in Katalonien auf. Dem berühmt gewordenen Foto, das Hans Gutmann, der sich später als mexikanischer Staatsbürger Juan Guzmán nannte, im Jahr 1936 von ihr gemacht hat, geht eine lange Familiengeschichte voraus, die in diesem Roman literarische Gestalt annimmt.

Bereits Marinas Großmutter Micaela Chalmeta war eine engagierte Feministin, Sozialistin und stadtbekannte Persönlichkeit in Barcelona, die heute als Pionierin der katalanischen Genossenschaftsbewegung gelten darf. Sie schrieb Berichte für mehrere Zeitungen und übersetzte 1932 das Buch *The Power of the Market Basket* von Honora Enfield, einer internationalen Galionsfigur des Kooperativismus, ins Spanische.

Die Hochzeit der Eltern Marina Ginestàs, Amparo Coloma und Bruno Ginestà, in Toulouse im Jahr 1915. Stehend: Joan Coloma, Micaela Calmeta und wahrscheinlich eine Schwester von Joan. Sitzend, Amparo und Bruno. Vorne ein junger Neffe von Joan Coloma.

Auch ihre Tochter Empar Colona, Marinas Mutter, war politisch engagiert. So führte sie 1935 die spanische Delegation beim Internationalen Kongress der Frauenbewegung in Moskau an. Marinas Vater Bruno Ginestà Manubens war ein gelernter Schneidermeister und fungierte während des Bürgerkriegs als Generalsekretär der mächtigen Gewerkschaft UGT (Unió General de Treballadors).

Marina und ihr Bruder Albert kamen in Toulouse zur Welt. Zu diesem Zeitpunkt hatte der Vater seine Schneiderwerkstatt in Barcelona aus politischen Gründen aufgegeben. Aus Unterlagen im Archiv der französischen *Sûreté Nationale*, die ich kürzlich einsehen konnte, geht hervor, dass schon mein Großvater Bruno Ginestà ein Aktivist war, der von der spanischen Polizei überwacht wurde. Ich gehe davon aus, dass Marinas Romanfigur des alten Joan Alzina, Vater des Miquel, auf dem Vorbild ihres Großvaters beruht.

Aufnahme der 17-jährigen Marina auf dem Dach des Hotel Colón in Barcelona. Foto: Hans Gutmann (später: Juan Guzmán)

Marina und ihr Bruder besuchten eine republikanische Schule in Toulouse. 1929 kehrte die Familie nach Barcelona zurück und feierte im Jahr 1931 zunächst die Ausrufung der Republik und später, im Februar 1936, den Wahlsieg der spanischen *Frente Popular*, der noch zwei Monate vor der französischen Volksfront ein Sieg gelang. Als am 18. Juli 1936 die Nationalisten, oder besser gesagt: die Faschisten, in Spanien putschten und damit jene Revolution auslösten, die sie eigentlich hatten verhindern wollen, war Marina aktiv an den Ereignissen beteiligt.

Während der blutigen *Semana Roja* stand sie im Kampf der Werftarbeiter an der Seite ihres Bruders Albert und eines Freundes von Albert, der dabei ums Leben kam. In diesen Tagen von 1936, als die bewaffnete Bevölkerung in Barcelona die Macht übernahm, entstand auch jenes legendäre Foto von Hans Gutmann, das Marina im Overall der Milizen mit dem Gewehr auf dem Rücken zeigt und das sie zur Ikone machte.

Während des Bürgerkriegs gehörte die junge Marina – sie war erst 17, als der Krieg anfing – der aus der Jungsozialistenbewegung hervorgegangenen PSUC an, die jedoch schon bald darauf von den Stalinisten vereinnahmt wurde. Die Partei setzte sie als Dolmetscherin für Michail Kolzow, einen Agenten Stalins, ein, der offiziell als Korrespondent der *Prawda* unterwegs war. Kolzow erwähnt dies in seinen Memoiren.

Marina verbrachte den größten Teil des Krieges in Valencia und schrieb kurze Beiträge zum Kriegsgeschehen für die Zeitung *La Verdad*. Deshalb hat sie, im Unterschied zu George Orwell, die Maitage 1937 nicht als Augenzeugin miterlebt und nicht gesehen, wie die Anarchisten und Trotzkisten der marxistischen Arbeiterpartei POUM den Stalinisten zum Opfer fielen und wie die freiheitliche Revolution, die Stalin ein Dorn im Auge war, niedergeschlagen wurde. Diese Tragödie in der Tragödie zeigt Ken Loach in seinem Film *Land and Freedom*, dessen Titel auf die Anarchistenzeitung *Tierra y Libertad* verweist, die Marina in ihrem Roman mehrfach erwähnt und für die ihr Vater Bruno Ginestà, wie aus dem französischen Archiv hervorgeht, gearbeitet hat.

Der Verrat der Spanischen Revolution durch Stalin ist wenig überraschend. Geopolitisch gesehen, so beschreibt es Antony Beevor in seinem Buch über den Spanischen Bürgerkrieg, fürchtete Stalin nichts so sehr wie eine Allianz zwischen den westlichen Demokratien und Hitler gegen die Sowjetunion. Ein Sieg der sozialistischen Revolution, wo auch immer in der Welt sie stattfände, hätte seiner Ansicht nach diese Allianz befördert.

In Spanien manifestierte sich Stalins Konterrevolution in der wachsenden Sowjetisierung der spanischen Republik, von der man behaupten kann, dass sie um 1938 zum ersten Satellitenstaat der UdSSR geworden war. Es war die Gegenleistung für eine derart sorgsam dosierte Militärhilfe, dass sie Francos Sieg vorbereiten half, finanziert

Foto des Hotel Colón aus dem Jahr 1936, als in dem Gebäude an der Plaza Cataluña die Parteizentrale der sozialistischen Partei untergebracht war. Oben auf dem Dach ist das Foto von Marina entstanden.

durch spanische Goldreserven, die aus der Bank von Spanien in die Sowjetunion geschafft worden waren.

Diese Sowjetisierung führte dazu, dass auch in Spanien die aus den Moskauer Prozessen bewährten Methoden angewendet wurden: Zahlreiche Antistalinisten, wie zum Beispiel Andreu Nin, wurden ermordet. Auch Michail Kolzow, den Marina bei einem Treffen mit dem Anarchistenführer Durruti begleitet hatte, wurde nach seiner Rückkehr in die UdSSR liquidiert, genau wie viele andere russische Militärberater, die Stalin in seiner Paranoia aufgrund ihrer Kontakte zu spanischen Anarchisten und Trotzkisten für infiltriert hielt.

Darum ist es kein Wunder, dass Marina, wie die ganze Familie Ginestà, desillusioniert war von der Inkompetenz der Revolutionäre einerseits und von Stalins Verrat und dem Scheitern der Republik im Jahr 1939 andererseits. Unter dramatischen Umständen floh sie nach Frankreich – dabei hätte sie fast einen Arm verloren – um in der

Folgezeit als Geflüchtete in der Dominikanischen Republik die drastischen Verhältnisse unter dem Trujillo-Regime mitzuerleben, was sie in ihrem teilweise autobiografischen Roman *Les antipodes* verarbeitet hat, den sie in den Jahren 1970/71 in französischer Sprache schrieb.

Als Frau eines belgischen Diplomaten hatte sie die verschiedensten Orte der Welt bereist. Nachdem die Karriere ihres Mannes sie schließlich zurück nach Barcelona führte, begann Marina im Jahr 1974 ihr zweites Buch *Les précurseurs* zu schreiben, das auf die vierzig Jahre zurückliegenden Erinnerungen an ihre Erlebnisse in dieser Stadt und in dieser kämpferischen Familie basiert. Meinem Rat folgend änderte sie den Titel wenige Monate vor ihrem Tod in *D'autres viendront ...* (*Andere werden folgen ...*).

Ab den 40er Jahren hatte sich Marinas Familie instinktiv vom Stalinismus abgewendet. Nachdem die Nazis besiegt waren, dauerte es nicht lange, bis Marina, die sich stets über die aktuellen Geschehnisse auf dem Laufenden hielt, die monströsen Vorgänge hinter der Fassade des Kreml durchschaute; dabei spielte auch die Lektüre von George Orwells *Homage to Catalonia* eine Rolle, das 1955 auf Französisch erschien. Dadurch bestärkten sich nachträglich ihre Sympathien für den Anarchismus und die antistalinistische POUM, für die Orwell gekämpft hatte. Auch die Bücher von Arthur Koestler und Victor Serge verschafften ihr in den 60er Jahren einen tieferen Einblick in die Geschehnisse. Wenige Jahre vor ihrem Tod, nachdem sie Antony Beevors *The Spanish Civil War* gelesen hatte, sagte sie zu mir: »Dieser Krieg war viel schlimmer, als ich mir das je vorstellen konnte!«

ANDERE WERDEN FOLGEN ...

In diesem Buch, das die Anfänge des revolutionären Syndikalismus im Katalonien des frühen zwanzigsten Jahrhunderts beschreibt, hat die Autorin sich ausführlich mit ihrer eigenen Familiengeschichte und mit den Geschichten ihrer Freunde und Mitstreiterinnen befasst. Diese mikrogeschichtliche Übung lässt den Hintergrund erahnen, vor

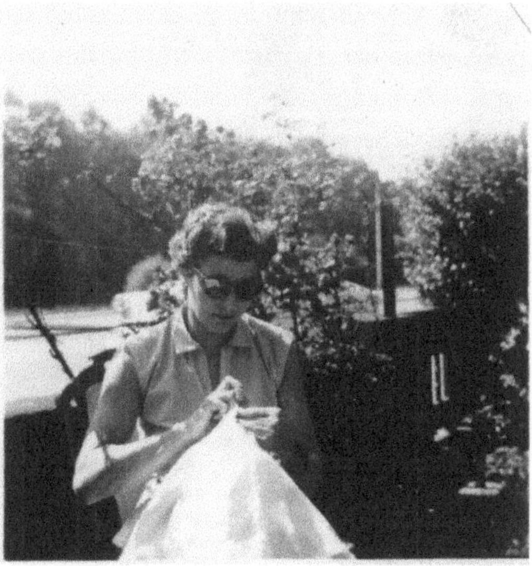

Marina um 1955, in ihrem Garten in Den Haag

dem der Ausbruch des von 1936 bis 1939 dauernden Bürgerkriegs möglich war.

Marina Ginestàs Roman beginnt mit einem Spaziergang von Marinas Alter Ego, Ana, die nach vierzig Jahren zum ersten Mal wieder die Straße ihrer Kindheit aufsucht und sich mit ihren Erinnerungen konfrontiert sieht. Aus diesem Blick zurück in die Vergangenheit ergeben sich lebendige Beschreibungen der Alltagsdramen, die sich in den aktivistischen Proletarierfamilien der 1920er Jahre abspielten, und Rückblenden auf die blutigen Ereignisse der sogenannten »Tragischen Woche« von 1909 und des Marokko-Krieges. Armut, Entbehrungen, Streiks, Repression und Gefängnis folgen im Verlauf der Geschichte aufeinander. Uns begegnen bekannte Gesichter aus der katalanischen Anarchistenszene: Joan Peiró, David Rey, Ángel Pestaña, Hilari Arlandis, Salvador Seguí und viele andere.

Das Buch lässt sich als eine Annäherung der gereiften Marina Ginestà an das junge Mädchen verstehen, das, vom Stalinismus enttäuscht, wehmütig auf das Abenteuer der Revolution zurückblickt. Der Diskurs der Aktivisten zieht sich durch den Roman und zeugt, bei aller Romantik, von Reife; es geht um die Frage der Gerechtigkeit, die Gespräche werden dokumentarisch abgebildet, die Worte sind sorgsam abgewogen, nichts wird dem Zufall überlassen.

Andere werden folgen … vermittelt einen neuen Blick auf die anarchistische Vergangenheit Kataloniens. 1914 hatte Marinas Großmutter Micaela Chalmeta den spanischen Revolutionär Andreu Nin auf seinen Reisen nach Moskau begleitet. Nach seiner Rückkehr aus der Sowjetunion, wo er als Trotzkis Sekretär gearbeitet hatte, gehörte Nin in Katalonien zu einem der Gründungsmitglieder der POUM, bis er 1937 durch einen Agenten Stalins ermordet wurde. Auch Trotzkis Mörder Ramón Mercader, der 1940 in Mexiko zuschlug, war ein Agent Stalins. Er stammte aus der linken Szene Barcelonas und war in seiner Jugend mit Marina und ihrem Bruder Albert befreundet gewesen. Erst nach Mercaders Freilassung im Jahr 1960 erfuhr Marina, dass er Trotzkis Mörder war, und erst da begriff sie auch, wie sehr sich ihr ehemaliger Freund vom Stalinismus hatte verblenden lassen.

Vor diesem historischen Hintergrund liest man *Andere werden folgen …* – so lautet der letzte Satz des Romans – mit anderen Augen. Einfühlsam und mit großer Empathie erweist der Roman einem Kreis von Menschen die Ehre, deren Welt zusammenbrach und die es geschafft haben, in ihrer Niederlage glaubwürdig zu bleiben. Diese Glaubwürdigkeit machte sie in gewisser Weise unbesiegbar.

Manuel Periáñez-Ginestà, Paris 2016

ANARCHISMUS UND GEWERKSCHAFTSBEWEGUNG IN SPANIEN
Eine Übersicht

November 1868	Gründung der Arbeitervereinigung AIT (Asociación Internacional de Trabajadores) in Madrid und Barcelona, auf Initiative des Bakunin-Anhängers Giuseppe Fanelli, im Rahmen der Ersten Internationale
Juni 1870	Arbeiterkongress »Congreso Obrero« in Barcelona
10. Februar 1873	König Amadeo I dankt ab.
11. Februar 1873	Die Erste Spanische Republik wird durch die parlamentarische Mehrheit ausgerufen.
30. Dezember 1874	Die instabile Republik endet nach knapp zwei Jahren am 29. Dezember 1874. Alfonso XII wird zum König ausgerufen.
25. November 1885	König Alfonso XII stirbt an Tuberkulose, nachdem er mehrere anarchistische Attentate überlebt hatte.
1886 – 1931	Amtszeit König Alfonso XIII
1880er Jahre	Anschlagsserie von Anarchisten gegen Industrielle, Arbeitgebervertreter, Wachleute und Polizisten in Barcelona. Vorerst gibt es keine Todesopfer.
18. April 1886	Gründung der anarchokommunistischen Zeitung *La Justicia Humana* als Vorläuferin der *Tierra y Libertad*
1888	Gründung der Arbeitergewerkschaft UGT (Unión General de Trabajadores) durch Pablo Iglesias Posse, Gründer der spanischen Sozialistischen Partei (PSOE)
1888	Gründung der Zeitung *Tierra y Libertad* (später offizielles Organ der FAI, der Federación Anarquista Ibérica) unter der Leitung von Sebastián Suñé
1. Mai 1890	Landesweite Streiks in Katalonien, gefolgt von Verhaftungen, Einschränkung der Pressefreiheit
1891	Verfolgung der Gewerkschaftsaktivisten. Es kommt zu Massenverhaftungen und Folterungen in den Gefängnissen.
7. November 1893	Bombenattentat auf das Gran Teatro del Liceo in Barcelona durch Santiago Salvador Franch (22 Tote und 35 Verletzte). Der Täter wird hingerichtet. In der Folge werden 400 Anarchisten und Sympathisanten festgenommen, gefoltert und hingerichtet.

1900 – 1910	Es werden zahlreiche Attentate durch Anarchisten verübt, darunter auch eines auf das Königspaar Alfonso XIII und Victoria Eugenia durch den Anarchisten Mateo Morral. Dabei kommen mehrere Menschen ums Leben, die Monarchen bleiben unverletzt. Daraufhin beschließen die Anarchisten, dem Terrorismus abzuschwören. Stattdessen wird die Devise ausgegeben, nur ein Generalstreik könne den Staat und den Kapitalismus stürzen.
8. September 1901	Francisco Ferrer Guardia gründet in Barcelona die »Escola Moderna«, die erste Reformschule mit dem Ziel einer rationalistischen und libertären Erziehung der Arbeiterklasse. Dabei geht es ihm um die »Entwicklung lebendiger Gehirne, die fähig sind, auf äußere Eindrücke zu reagieren, die immer Feinde aller Vorurteile sein werden; das Erwecken von freien, festbegründeten Geistern, die über alle Dinge und Erscheinungen des Lebens sich ihre eigene Meinung bilden können.«
15. November 1901	In Barcelona erscheint die erste Ausgabe der von Francisco Ferrer Guardia gegründeten Zeitung *La Huelga General*, die sich später mit *Tierra y Libertad* vereinigt.
ab 1901	Ausgehend vom Streik der Metallarbeiter in Barcelona kommt es zu einer Streikwelle, die sich über das ganze Land ausbreitet. Die Arbeiter fordern geregelte Arbeitszeiten und den Achtstundentag.
17. Februar 1902	Auf Initiative der Anarchisten wird ein Generalstreik, die »Huelga General Revolucionaria«, ausgerufen, um das kapitalistische System zu stürzen. Das Leben in Barcelona kommt praktisch zum Erliegen. Überall im Land wird demonstriert, zunächst weitgehend friedlich.
19. Februar 1902	Die Arbeitgeber reagieren mit einer Welle von Entlassungen auf die Forderungen der Arbeiter und die Generalstreiks. Eine Textilfabrik wird geschlossen, 800 Arbeiter landen auf der Straße, es kommt zu Lohnkürzungen. Überall im Land kommt es zu Auseinandersetzungen mit der Polizei und Festnahmen. Daraufhin werden zahlreiche Geschäfte wieder geöffnet. Die anarchistischen Gewerkschaften sind geschwächt und liegen am Boden.
Seit 1906	Die militärischen Konflikte zwischen Spanien und den Rifkabylen in Marokko spitzen sich zu. Spanien erleidet eine Reihe von militärischen Niederlagen und mobilisiert Reservisten, darunter 25 000 Minderjährige, die fast alle aus der Arbeiterklasse stammen.

26. Juli bis 2. August 1909	Tragische Woche. In Barcelona und anderen Städten Kataloniens kommt es aus Anlass der Entsendung der Reservetruppen nach Melilla zu Aufständen, einem Generalstreik und einer allgemeinen Erhebung gegen die Regierung und Regierungsbehörden. Polizeidienststellen werden angegriffen, Stromleitungen und Zugverbindungen nach Barcelona werden unterbrochen und Barrikaden errichtet. 80 Kirchen und Klöster werden durch Anhänger der Radikalen Republikanischen Partei zerstört. Die Tragische Woche fordert 78 Menschenleben, es gibt über 500 Verletzte, zahlreiche Gebäude werden in Brand gesetzt.
26. Juli	Im Anschluss an die Tragische Woche verbietet die Regierung alle Gewerkschafts- und Arbeiteraktivitäten, Gewerkschaftszeitungen und Freie Schulen werden geschlossen.
13. Oktober 1909	Francesc Ferrer i Guàrdia, der Gründer der Escola Moderna, wird hingerichtet.
Oktober 1910	Kongress der Solidaridad Obrera und Gründung der CNT (Confederación Nacional del Trabajo). Ziel: Beschleunigung der wirtschaftlichen Emanzipation der Arbeiterklasse durch revolutionäre Enteignung der Bourgeoisie
18.–21. September 1911	Generalstreik Verbot der CNT bis 1914
12. November 1912	Ermordung des spanischen Regierungschefs José Calajeas durch den Anarchisten Manuel Pardiñas
1917	Revolutionärer Generalstreik, vor allem in Barcelona (Allianz aus Sozialisten, Republikanern und Anarchisten). Das Leben in den Städten kommt zum Erliegen, bis der Streik gewaltsam beendet wird. Dabei gibt es 70 Tote.
1919	Zweiter Kongress der CNT im Teatro de la Comedia in Madrid. Die mehr als 700 000 Mitglieder sind Anarchisten, Marxisten, Republikaner und andere. Die CNT schließt sich der Dritten Internationale an, die 1919 in Moskau gegründet wird.
1919	Streik »La Canadenca« in Barcelona, ausgehend von dem Energieunternehmen »Riegos y Fuerzos del Ebro«, an dem die kanadische (katalanisch: canadenca) »Bank of Commerce of Toronto« beteiligt ist.

Februar 1919	Die Elektrizitätswerke in Barcelona streiken 44 Tage, die Stromversorgung bricht zusammen. Mehr als 100 000 Menschen beteiligen sich an den Streiks. Die Arbeitgeber erhalten Militärhilfe, können aber den Streik nicht aufhalten. Es folgen Solidaritätsstreiks. In Barcelona wird das Kriegsrecht ausgerufen. Der Streik erfasst die Textilarbeiter und das Transportwesen (Eisenbahn und Straßenbahn). Die Arbeitgeber müssen nachgeben. Die Regierung vermittelt. Es kommt zu zahlreichen Festnahmen bei Streikenden und Streikführern.
13. März	Die spanische Regierung verhängt einen landesweiten Ausnahmezustand. Gleichzeitig sucht die Regierung den Dialog mit dem Streikkomitee in Barcelona unter Leitung von Ángel Pestaña. Der Achtstundentag wird per Regierungsdekret eingeführt.
20. März	Die Streikenden nehmen die Arbeit wieder auf.
März 1919	Die spanischen Arbeitgeber gründen die Federación Patronal Española.
1. Dezember 1919	Die Arbeitgeber beschließen eine Aussperrung (Lock-Out) von 150 000 Arbeitern, um die Gewerkschaften zu schwächen. Bildung des Somatent
Anfang 1920	Die Arbeitgeber in Barcelona setzen ihre Pistoleros auf die Gewerkschafter an. Dabei kommen fast 500 Arbeiter ums Leben.
1920	Das Fluchtgesetz (Ley de Fugas) ermöglicht den Pistoleros in Zusammenarbeit mit der Polizei, die Anarchisten unmittelbar nach ihrer Freilassung, angeblich auf der Flucht, zu erschießen. Salvador Seguí und Francesc Layret (Anarchistenanwalt) werden nach ihrer Freilassung aus dem Gefängnis getötet. Ein Mordversuch an Ángel Pestaña scheitert.
1920	Eine anarchistische Delegation reist nach Russland. Erster Delegierter in Moskau ist Angel Pestaña. Pestaña reist auf dem Rückweg aus Moskau über Italien und nimmt an den Streiks der Fabrikarbeiter teil. Er wird festgenommen und bleibt einige Monate in Mailand in Haft. Da Pestaña nicht zurückkehrt, wird eine neue Delegation gebildet, bestehend aus Andreu Nin, Jesús Ibáñez, Hilario Arlandis und Joaquín Maurín.

10. März 1923	Der CNT-Sekretär Salvador Seguí wird im Viertel El Raval ermordet.
1921 – 1926	Rifkrieg in Marokko (Zweiter Marokkanischer Krieg)
13. September 1923	In einem vom König Alfonso XIII gebilligten Staatsstreich übernimmt Primo de Rivera die Macht.
1923 – 1930	Diktatur Miguel Primo de Rivera Die Gewerkschaften werden verboten, die CNT-Zeitung *Solidaridad Obrera* wird auf Anordnung der Regierung geschlossen.
24. – 26. Juli 1927	Gründungsversammlung der Federación Anarquista Ibérica (FAI) in Valencia.
28. Januar 1930	Nach zahlreichen gescheiterten Putschversuchen gegen seine Regierung tritt Primo de Rivera zurück. Dámaso Berenguer kommt an die Macht. Alle bis dahin verbotenen Organisationen (Republikaner, Sozialisten, Kommunisten, Anarchisten) können wieder aktiv werden.
1931 – 1939	Zweite Spanische Republik
14. April 1931	Ausrufung der Republik. Mitglieder des Revolutionskomitees bilden eine Übergangsregierung. König Alfonso XIII verlässt das Land.
1931	Dritter Gewerkschaftskongress der CNT in Madrid. Die CNT erhält wieder großen Zuspruch und hat bald 800 000 Mitglieder, allein 400 000 in Katalonien.

PERSONENVERZEICHNIS
Im Roman erwähnte historische Personen

DIE ANARCHISTEN

Andreu Nin 1892–1937	Revolutionär aus Katalonien, führendes Mitglied der von ihm mitgegründeten POUM. Arbeitete als Dolmetscher und Übersetzer für Russisch (er hat u.a. Tolstoi, Dostojewski und Tschechow ins Katalanische übersetzt). Während der Maitage 1937 im Spanischen Bürgerkrieg wurde er vermutlich von Stalinisten gefangen genommen, gefoltert und ermordet.
Ángel Pestaña Núñez 1886–1937	Spanischer Anarchosyndikalist, Generalsekretär der CNT. Leitender Funktionär bei der Zeitung *Solidaridad Obrera*. Führender Kopf bei der Vorbereitung und Durchführung des Generalstreiks von 1917
Eleuterio Quintanilla 1886 – 1966	Spanischer Anarchist und Freimaurer, führendes Mitglied der CNT in Asturien
Emili Mira	Anarchistischer Aktivist
Eusebi Carbó 1883–1958	Katalanischer Anarchosyndikalist, geprägt durch die Schriften von Kropotkin, Proudhon und Bakunin. Beteiligung am Kongress der UGT 1916, Mitarbeit an der *Solidaridad Obrera* (1930), später Leiter der Zeitung
Evarist Vilaplana	Vermutlich im Rahmen des Fluchtgesetzes (Ley de Fugas) hingerichteter Anarchist
Francesc Comas 1896–1923	Anarchistischer Aktivist und Gewerkschafter. Erschossen von den Pistoleros der Arbeitgebervereinigung, zusammen mit Salvador Seguí
Francesc Ferrer i Guardià 1859–1909	Gründer der »Escola Moderna« in Barcelona. Libertärer katalanischer Pädagoge mit engen Kontakten zu den Akteuren des französischen Anarchismus. Schulgründung orientiert an reformpädagogischen Konzepten. Hinrichtung am 13.10.1909 in Barcelona
Hilario Arlandis 1888 – 1938	Gewerkschafter und Politiker. Beteiligung am Zweiten Gewerkschaftskongress der CNT in Madrid (1919). Plädierte für den Beitritt zur Dritten Internationale. Verhaftung unter der Diktatur von Primo de Rivera. Mitbegründer der Kommunistischen Partei Kataloniens (PCC) und der Sozialistischen Einheitspartei PSUC. Tod bei einem Bombenangriff durch die Truppen Francos

Joan Peiró 1887–1942	Spanischer Anarchist und Syndikalist. Industrieminister der Zweiten Republik während des Bürgerkriegs. 1930 Redaktionsleiter der Solidaridad Obrera
Juan Bautista Roca 1898 - 1976	Spanischer Rechtsanwalt und Politiker
Salvador Seguí 1887–1923	Bekannt unter dem Namen »El noi del sucre« (der Zuckerjunge). Einer der führenden Köpfe des spanischen Anarchosyndikalismus zu Beginn des 20. Jahrhunderts. Initiator und Mitglied im Leitungsgremium der *Solidaridad Obrera*. Generalsekretär der CNT in Katalonien (1918). Bei späteren Kongressen wandte er sich zusammen mit Ángel Pestaña und Juan Peiró gegen extreme Aktionen durch andere Mitglieder der CNT, vor allem beim Kongress im Teatro de la Comedia in Madrid und beim Kongress in Zaragoza, als der Rückzug der CNT aus der Dritten Internationale beschlossen wurde. Mehrfache Verhaftungen wegen seiner anarchosyndikalistischen Betätigung, u.a. beim Streik der Canadenca. Am 10. März 1923 wird er im Viertel Raval in Barcelona von den Pistoleros erschossen.

DIE ARBEITGEBERFAMILIEN

Brufau – Graupera – Muntada – Sala

DIE FASCHISTEN

General Martínez Anido 1862–1938	Spanischer General unter Primo de Rivera und später unter Franco. Spielte eine führende Rolle als Unterstützer des bewaffneten Vorgehens der Arbeitgeber gegen die streikenden Gewerkschafter.
Gouverneur Bas Vassallo 1873–1938	Valencianischer Politiker und Rechtsanwalt. 1920 Zivilgouverneur von Barcelona
Manuel Bravo Portillo 1876–1919	Polizeipräsident, kollaborierte im 1. Weltkrieg mit den Deutschen, bekämpfte die Syndikalisten; wurde später angeblich von Gewerkschaftern erschossen

WEITERE PERSONEN

Rafael Ulled i Altemir 1885–1937	Rechtsanwalt und Leiter der sogenannten »Jungen Barbaren«, der Jugendorganisation des Partido Radical. Gemeinsam mit seinem Bruder Josep war er 1909 an den Aufständen der Tragischen Woche in Barcelona beteiligt.

PERSONENVERZEICHNIS II
Die Romanfiguren

FAMILIE ALZINA

Joan Alzina Anarchist und Aktivist *1871	Lebensgefährte Valerianas, Vater von Miquel, Großvater von Llibertat, arbeitet als Drucker für die Gewerkschaftszeitung *Tierra y Libertad* in Barcelona, später in Igualada
Valeriana *1873	Joans Lebensgefährtin, Mutter von Miquel, Großmutter von Llibertat. Anarchistin
Miquel *1897 †1922	Sohn von Joan und Valeriana, Mann von Pilar, Vater von Llibertat. Wird bei der Verlegung ins Gefängnis nach Saragossa vor einem Friedhof erschossen. Anarchist und Aktivist
Llibertat *1920	Tochter von Miquel und Pilar, Freundin von Ana. Das Mädchen wächst bei den Großeltern in der Carrer de Borrell auf.
Pilar	Miquels Frau, Llibertats Mutter, Stieftochter von Sebastià

PILARS FAMILIE

Sebastià	Pilars Stiefvater, arbeitet im Kaufhaus El Siglo in Barcelona. Hat die Semana Trágica miterlebt.
Tante Rafaela	Pilars reiche Erbtante aus Barbastro

FAMILIE GINER

Germinal Giner	Cousin von Joan Alzina, Mann von Asunción, Vater von Ana, arbeitet als Schneider. Anarchist und Aktivist
Asunción	Germinal Giners Frau, Anas Mutter, arbeitet als Schneiderin. Anarchistin
Ana *1920	Tochter von Germinal Giner und Asunción, Freundin von Llibertat

FAMILIE CARDONA

Nora Cardona	Tochter von Mercè Cardona, Schneiderin, Freundin von Asunción und Valeriana. Anarchistin
Mercè Cardona	Klassenkämpferin. War an vorderster Front am Streik der Weberinnen von Igualada von 1884 beteiligt. Feministin und Aktivistin

MIQUELS GENOSSEN

Alemany	Miquels Freund aus Kindertagen und späterer Genosse. Von Polizeikräften ermordet auf Anordnung des Gouverneurs
Ángel Pestaña Núñez	s.o.
Josep-María Foix	Genosse Miquels, den er im Gefängnis wiedertrifft
Julián Santamaría	Einer der ältesten Mitarbeiter der Fabrik Brufau, der unter den Arbeitern und Gewerkschaftern hohen Respekt genießt.
Piqueres	Miquels Freund und Genosse. Von Polizeikräften ermordet
Rius	Miquels Freund und Genosse. Von Polizeikräften ermordet

WEITERE ROMANFIGUREN

Antoni Tolträs	Likörfabrikant
Comas und Tornés	Inhaber der Ofenfabrik in Mataró
Dolores Ríos de Antúnez	Hebamme
Gironès	Inhaber der Gießerei, in der Miquel Arbeit findet
Joan Pijoan	Werkmeister in der Fabrik Brufau in Barcelona

Mein herzlicher Dank gilt Christian Filips,
ohne dessen fachkundigen Rat und Zuspruch dieses Projekt niemals hätte umgesetzt werden können.

Birgit Kirberg